UM RH VISTO DE CIMA

O QUE A ALTA ADMINISTRAÇÃO

ESPERA QUE VOCÊ

SAIBA PARA FAZER A DIFERENÇA

Marcia Vespa

UM RH VISTO DE CIMA

O QUE A ALTA ADMINISTRAÇÃO ESPERA QUE VOCÊ SAIBA PARA FAZER A DIFERENÇA

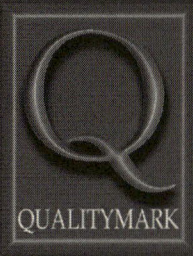

QUALITYMARK

Copyright© 2015 by Marcia Vespa

Todos os direitos desta edição reservados à Qualitymark Editora Ltda. É proibida a duplicação ou reprodução deste volume, ou parte do mesmo, sob qualquer meio, sem autorização expressa da Editora.

Direção Editorial	Produção Editorial
SAIDUL RAHMAN MAHOMED editor@qualitymark.com.br	EQUIPE QUALITYMARK

Capa e Arte-final	Editoração Eletrônica
ALAN PARIS	PS DESIGNER

CIP-Brasil. Catalogação-na-fonte
Sindicato Nacional dos Editores de Livros, RJ

V649r

    Vespa, Marcia
    Um RH visto de cima : o que a alta administração espera que você saiba para fazer a diferença / Marcia Vespa. – 1. ed. – Rio de Janeiro : Qualitymark Editora, 2015.
    144 p. : il. ; 23 cm.

    Inclui bibliografia
    ISBN 978-85-414-0205-7

    1. Planejamento empresarial. 2. Planejamento estratégico. 3. Administração de empresas. 4. Administração pessoal. 5. Recursos humanos. I. Título.

15-24358	CDD: 658.4012
	CDU: 005.51

2015
IMPRESSO NO BRASIL

Qualitymark Editora Ltda.
Rua Teixeira Júnior, 441 – São Cristóvão
20921-405 – Rio de Janeiro – RJ
Tel.: (21) 3295-9800

QualityPhone: 0800-0263311
www.qualitymark.com.br
E-mail: quality@qualitymark.com.br
Fax: (21) 3295-9824

AGRADECIMENTOS

Dedico esta obra aos grandes amores da minha vida, que tornam a minha passagem na Terra muito mais significativa e prazerosa: meu marido, Newton Martins, que nestes 23 anos de casados ofereceu-me um apoio sem igual, vibrou com as minhas vitórias, chorou as minhas tristezas e me ensina a fazer coisas para além do trabalho.

À minha filha, Talyta Stella, para quem eu sempre me dediquei e deixarei o meu melhor: os valores da ética, da franqueza, da honestidade, o meu amor incondicional de mãe e as nossas melhores conversas e risadas. Hoje, já adulta, sei que ela pode caminhar independentemente da minha presença.

A todos aqueles que fizeram parte das equipes que tive na minha trajetória, do compartilhamento de conhecimentos, das nossas lutas e celebrações, e que me ensinaram a ser a melhor líder que eu poderia vir a ser. Continuo aprendendo. Obrigada.

A você, Jéssica Sapanhos, que me acompanha nestes seis anos de Leme Consultoria e que se tornará uma excepcional psicóloga. Para você, eu também deixo os valores que plantamos juntas e o meu agradecimento por estar ao meu lado há tanto tempo. Ainda não encerramos o nosso ciclo.

Ao Rogerio Leme, meu amigo, chefe e sócio, que ainda me faz acreditar nos objetivos e nos propósitos que nos uniram um dia.

Às milhares de pessoas que marcaram a minha vida profissional, que confiaram no meu trabalho e no trabalho da minha equipe e influenciaram os pensamentos expostos neste livro. Juntos, comprovamos que é possível.

Meu perdão àqueles que não deram certo. Posso garantir que o meu desejo sempre foi outro. Mesmo que o remédio tenha sido amargo, espero vê-los felizes hoje.

E a você, meu Pai, Deus todo poderoso. Espero estar honrando a missão que me atribuíste, que continue acreditando em mim e me dando forças para que eu jamais desista da minha convicção de que é possível transformar o mundo em um lugar melhor para se viver e conviver.

PREFÁCIO

Por: Rogerio Leme

Não, não, não...

Desculpe-me leitor e, principalmente, desculpe-me Marcia Vespa. O nome deste livro está equivocado.

Talvez eu esteja colocando em campo meu espírito ranzinza e contestador, talvez eu esteja com uma ideia em mente e, como dizem as pessoas mais próximas a mim, uma vez que eu construo uma ideia é praticamente impossível alguém me convencer a mudá-la. Quem sabe isso ocorra devido à minha teimosia, mas, como diria um falecido e polêmico político, que me reservo o direito de omitir seu nome, "eu não sou teimoso, não! Teimosos são aqueles que não concordam comigo".

Eu, ao ler ainda o "Segundo Insight", já tinha convicção quanto ao incômodo do nome do livro. Pode ficar tranquilo, amigo leitor, e tenha certeza que você está com uma excelente obra, que traz realmente a visão de um RH visto de maneira diferente, com a visão da alta direção – justamente para que você possa saber o que é esperado de suas ações.

É exatamente aí que está a polêmica que estou criando quanto ao nome do livro. Também, pudera. Quem conhece Marcia Vespa sabe que estamos falando de uma mulher guerreira e que jamais faria somente o essencial, o básico, o esperado. E o que você encontrará ao ler este livro é absurdamente muito além do que está na promessa do título.

Algumas misturas são impossíveis de serem separadas depois da sua união, como por exemplo, café com leite. Isso não poderia ser diferente com o espírito de Marcia Vespa em fazer não apenas o que é esperado dela, mas de sempre exceder as expectativas e as suas paixões por Recursos Humanos, pelas pessoas, por metas e resultados e, principalmente, por desenvolver lideranças.

Marcia Vespa, então, ao se dispor em escrever este livro, mais uma vez colocou em prática todos esses ingredientes, e claro, nos brinda com esta obra que não apenas traz a visão e os comentários de diretores, mas a estrutura de como você pode transformar o posicionamento do RH da sua empresa, com dicas, reflexões, exercícios práticos, planos de ação, enfim, com o arsenal que ela aplica em sua melhor especialidade, em minha opinião, que é o desenvolvimento de liderança. Ela colocou isso aqui, ao nosso alcance, para transformar você em um RH líder alinhado com a estratégia da sua organização.

A forte atuação de Marcia Vespa frente aos programas de educação continuada para desenvolvimento da liderança, a partir de uma metodologia diferenciada – criada e desenvolvida por ela a partir da análise das necessidades das empresas e da busca do entendimento do motivo pelo qual os programas praticados até então pelas empresas não traziam resultados efetivos e duradouros – faz com que essa guerreira exale desenvolvimento de pessoas e de liderança em tudo o que faz. E isso tudo está aqui, bem à sua frente, nas próximas páginas.

Quero, portanto, fazer um desafio ao amigo leitor. Ao término do estudo deste livro – atenção: este livro não é para ser lido, é para ser estudado – diga se realmente eu tenho ou não razão em minha suposta teimosia quanto ao nome do livro, que talvez, pudesse ser:

- Como ser um Líder de Recursos Humanos
- Como ser um RH com Liderança
- RH mais que Positivo
- Liderança de RH

- Líder RH
- Como Desenvolver um RH Realmente Estratégico
- RH e Estratégia para a Conquista de Resultados

Ah, tá... o subtítulo eu deixo como o que Marcia Vespa escolheu, vai, "O que a alta administração espera que você saiba para fazer a diferença". Só para não dizer que eu sou inflexível.

Brincadeiras e provocações à parte (embora o livro traga realmente a ideia de como você pode se desenvolver para ser um Líder em Recursos Humanos – teimoso, não, por favor), tenho essa liberdade com Marcia Vespa pois quando a conheci, em um MBA, vi seu talento e o quanto ela poderia ajudar as pessoas a serem felizes. Marcia Vespa faz isso, ajuda as pessoas que têm o árduo e recompensador papel e missão de liderar pessoas a serem felizes. E ela faz isso de maneira pragmática e voltada para resultados, com uma paixão ímpar.

Mas faltava algo somente dela, algo que ela pudesse compartilhar conosco. Embora não seja marinheira de primeira viagem escrevendo livros, pois já tem participação em outros três – em dois deles, tive a honra de escrever com ela –, o público merecia uma obra somente dela. Usei a liberdade que tenho com ela como amigo e sócio na Leme Consultoria e, confesso, um pouquinho da minha persuasão hierárquica para que finalmente chegasse este momento. E chegou!

Fica, assim, o convite para você ler, estudar, saborear este livro, cada página. Garanto que você irá comprar outro exemplar deste para dar de presente a um amigo, e por que não ao seu chefe, para que você comece a se fortalecer de forma a transformar o RH da sua empresa em tudo que é preciso para ontem e o que será preciso nos próximos anos.

Ah, sim! E pode deixar comigo que vou ter um "dedinho de prosa" com a Marcia e colocar o lançamento de outro livro nas metas da empresa para os próximos anos, viu? Assim, ganharemos mais um presente.

Excelente leitura! Ops... Excelente estudo.

Rogerio Leme
O teimoso, amigo de Marcia Vespa, diretor da Leme Consultoria, pai do Eduardo, consultor e, nas horas não vagas, autor de livros sobre Gestão de Pessoas e de Competências.

SUMÁRIO

Agradecimentos / V

Prefácio – *Rogerio Leme* / VII

Capítulo 1 Introdução / 1

Capítulo 2 A Constatação / 5

Capítulo 3 Você faz o que Sabe que Precisa ser Feito na Empresa? / 19
Insight 1

Capítulo 4 Seja Crível e Melhore os seus Argumentos Decisivos / 33
Insight 2

Capítulo 5 Crie uma Cultura Pautada em Valores / 55
Insight 3

Capítulo 6 Reduza o Medo e Estimule a Comunicação / 71
Insight 4

Capítulo 7 Desenvolva as suas Lideranças e Preserve a Vida / 83
Insight 5

Capítulo 8 Uma Mensagem quase Final para
o Líder de RH – O Recado da Geração Y / 111

Capítulo 9 Uma Última Mensagem   115

Capítulo 10 Nossas Publicações / 117

Referências Bibliográficas / 127

Capítulo 1

Introdução

Seis anos de dedicação às lideranças de empresas públicas e privadas enquanto consultora.

Vinte e cinco anos de atuação na área de Recursos Humanos. Mais de 2.000 líderes, em todos os níveis da arquitetura, passaram por mim e pela minha equipe em um processo de desenvolvimento de competências.

Nunca foi a minha pretensão descrever os feitos. Mas, em algum momento da vida, quando se tem muito claro os propósitos de existência, você se questiona: por que não?

Quando adolescente, meu sonho era ser comissária de bordo. Acho que me tornei o que sempre desejei sem ter ao menos chegado perto da função idealizada. Tornei-me uma profissional de RH não por escolha própria, mas porque um homem – Rivaldo Sumida, profissional de um olhar clínico incomparável – encontrou-me na área de finanças e, por intuição ou coisa que o valha, carregou-me e colocou a pessoa certa no lugar certo. Quantas pessoas têm a mesma sorte que eu?

Washington Olivetto – publicitário respeitadíssimo e reconhecido como um dos melhores do mundo – comentou que "cada pessoa nasce para ser uma coisa na vida, mas poucas têm a sorte de descobrir qual é essa "coisa" e, por isso, são poucas as que são felizes e bem-sucedidas no trabalho". Sou grata a Deus por ter me ajudado a fazer escolhas. E grata por ter colocado pessoas tão especiais na minha vida. Quando alguém deposita em você uma fé verdadeira, dificilmente você o decepciona. Obrigada, Rivaldo, por ter enxergado o que talvez eu demorasse muito para ver sozinha.

São tantas as variáveis, tantos os sinais que me empurram para lugares onde a felicidade existe, que não pude fugir de empreender este projeto. No fundo, sou uma educadora, idealista e racionalmente pragmática, apaixonada por resultados e, principalmente, alguém que acredita com convicção que pessoas felizes dão mais lucro; que aposta que o crescimento de uma empresa é fruto das pessoas e que ela jamais conseguirá ser maior ou melhor do que as pessoas que tem. Além de tudo, sou convicta de que pode haver felicidade no trabalho e de que não faz sentido não compartilhar o que aprendemos com tantos outros mundo afora.

Mesmo aqueles que se sentiram desafiados a repensarem o seu papel no mundo e, momentaneamente, enraiveceram-se com as minhas provocações e desafios, hoje se tornaram as melhores pessoas que puderam vir a ser, mesmo tendo de experimentar "remédios" amargos. Outros revistaram suas escolhas e tomaram decisões. E alguns poucos ainda me culpam por tê-los tirado da zona de conforto. Assim é a vida! A maneira mais fácil de chegar ao fracasso é tentar agradar 100%. Portanto, essa nunca foi a minha pretensão. Tenho a consciência tranquila.

Espero que vocês encontrem nesta obra informações valiosas que façam com que tenham os próprios insights; que se encontrem como pessoas, que compreendam as expectativas da alta direção de uma organização e os anseios de mais de 6000 liderados e, principalmente, que sejam capazes de alinhar as aspirações das suas pessoas ao negócio, fazendo deste mundo um lugar melhor para se viver.

Se, como eu, você acredita que clima organizacional é gerador de resultados sustentáveis, creio que teremos uma troca riquíssima de experiências. E que a partir delas você possa fazer escolhas certeiras na vida e ter o orgulho de atuar em uma empresa que você ajudou a construir.

Marcia Vespa
São Paulo, Brasil
JUNHO/2015

Capítulo 2

A Constatação

*V*ocê não conecta os pontos da vida olhando para o futuro, disse Steve Jobs em um discurso como paraninfo de turmas de Direito na Universidade de Stanford. O autoconhecimento nos remete à ação.

O que você verá daqui em diante é o consolidado de um trabalho de educação continuada que teve início no ano de 2009, com empresas de vários segmentos e de todos os portes: nacionais, multinacionais e públicas; familiares e de capital aberto, no desenvolvimento prático de profissionais ocupantes de cargos de liderança e em todos os níveis da arquitetura organizacional.

Para que um cenário seja integral e plenamente atendido, pilares que sustentam resultados organizacionais precisam ser estudados em profundidade de forma que propostas, projetos e investimentos não se afundem em modismos que empolgam, mas não se acomodam tão bem ao lugar ou ao momento da corporação que representam.

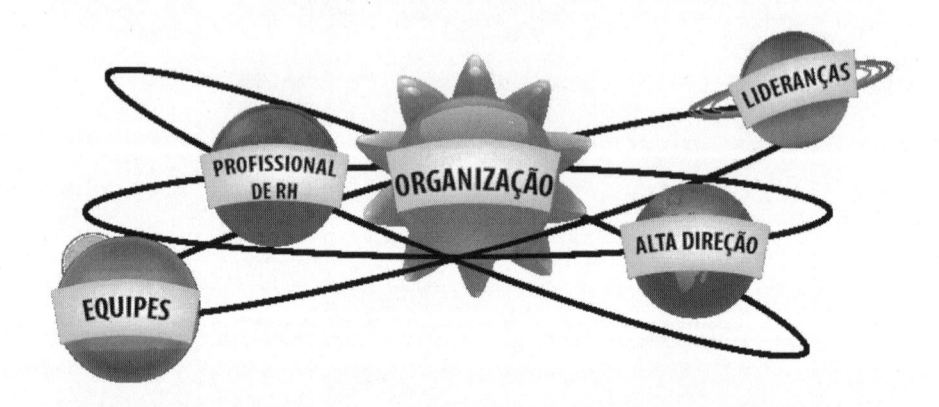

A Organização: A sua missão, a sua visão, os seus valores, os seus objetivos e iniciativas estratégicas, modelo de gerenciamento, metas crucialmente importantes, suas realizações, vitórias, preocupações, clientes e a própria especificidade e momento do negócio (fatores sóciopolíticos e econômicos) que solicitam melhorias, mudanças e até mesmo rupturas. Um estudo profundo do cenário.

Capítulo 2: A Constatação 7

É imprescindível o entendimento do negócio para que a sua atuação, como líder e profissional de RH, seja singular e magistral. Sua empresa é única e merece ser tratada e cuidada na sua singularidade.

O Cliente: A razão da nossa existência dentro das empresas; a razão da existência da empresa que lidera e a razão do futuro de ambos. Nossas ações, intenções e planos para torná-lo bem-sucedido no negócio dele. Como podemos ajudá-lo? Quais as dificuldades que enfrenta? Quais as suas preocupações? Estamos preocupados demais em produzir e perdemos oportunidades. A vida não dá trégua! Você se diferencia pelo seu produto? Pelo preço? Os colaboradores conhecem o cliente? Preocupam-se em inovar para atendê-lo? Ou o cliente ainda é um problema? Muitas empresas deixaram de existir porque negligenciaram o cliente. O mundo precisa de mais cérebros e menos dedos. O dia a dia pode ser altamente embrutecedor se não nos atentarmos ao que acontece ao nosso redor e estabelecermos conexões entre o provável e o improvável. Muitas empresas lucrativas no passado encerraram as suas atividades porque se fecharam na sua própria arrogância e duvidaram da existência de novos entrantes e das rupturas que a tecnologia e novos comportamentos do consumidor estavam e estão provocando todos os dias, incessante e implacavelmente.

O RH: Seu papel e o seu posicionamento na empresa; ações de desdobramento da estratégia, das práticas e das políticas de RH, resultados advindos de avaliação de desempenho, clima ou engajamento, iniciativas passadas de desenvolvimento humano, participação e influência no processo decisório, indicadores que mensuram os resultados das iniciativas e a sua atuação como líder.

O Líder: Como ser humano que tem aspirações de carreira e de crescimento, metas de competência, potencialidades, fragilidades, anseios, medos e expectativas em relação ao seu futuro. Uma aliança de confiança e credibilidade que permitirá que abrace perspectivas, que despenda energia em prol dos objetivos ao mesmo tempo em que é apoiado e encorajado pelo profissional de RH e superior imediato a seguir adiante.

As Equipes Diretas: Inicialmente com o propósito de apontarem onde o seu superior imediato está saindo-se bem e onde há oportunidades de melhoria. Digo inicialmente porque outros objetivos relevantes permeiam este pilar. Primeiramente, tenha em mente que nenhuma liderança conseguirá evoluir se a equipe não se desenvolver simultaneamente. Há muitas cadeiras vazias – não ocupadas – dentro das empresas. Impressiona-me o número de profissionais atuando em um nível abaixo, como por exemplo, diretores exercendo o papel de gerentes; gerentes atuando como supervisores/líderes de primeira viagem e estes como técnicos seniores, especialistas e profundos conhecedores e executores das atividades do dia a dia. Tão competentes tecnicamente que ofuscam ou inibem a liberação do potencial da equipe. Líderes são promovidos pelo desempenho passado e não são preparados para as habilidades requeridas pelo novo cargo. Há uma dor latente nas lideranças quando estas não enxergam caminhos diante das dificuldades que enfrentam e comparam o agora com um passado que foi tão brilhante.

Tenha a clareza de que uma liderança não se tornará efetiva nas práticas de gestão de pessoas para os resultados se a equipe não puder acompanhar essa evolução. A quantidade de talentos adormecidos, letárgicos, que se arrastam pelas organizações se fazendo presentes na formalização e no cumprimento de horários de entrada e saída, sem qualquer contribuição efetiva, sem o sentimento da importância que têm para o negócio, usando em demasia o esforço dos dedos (mais do mesmo, todos os dias) e não o do cérebro, chega a entristecer. O número de atestados médicos, de licenças por doença, diagnósticos de depressão e, pasmem, até suicídios, cresce substancialmente. Índices de absenteísmo na base chamam a atenção. Processos trabalhistas em destaque afetam não somente o bolso, mas principalmente comprometem a moral e a marca da empresa no mercado. Profissionais, ainda jovens, calculando o tempo que lhes falta para a aposentadoria. Aonde chegamos! Com uma expectativa de vida beirando 80, 90 anos, veja só! É morte em vida!

Profissionais de RH relatam que gostariam e poderiam contribuir muito mais, e nem sempre são ouvidos. Depositam na alta direção a crença de que se estivessem mais próximos das decisões, se houvesse um voto de confiança em suas propostas e em seus projetos, se a empresa declarasse os seus objetivos com clareza, nasceriam propostas e projetos mais consistentes, que cuidariam dos talentos ao mesmo tempo em que focariam nos resultados.

A alta direção, por sua vez, sente-se cada vez mais sozinha. É um exercício solitário diário. Mas é sabido que não há vitórias solitárias e que uma boa estratégia depende, essencialmente, da capacidade de execução dos profissionais em todos os níveis. Nesse aspecto, não obstante, surge tudo o que há de mais humano: os sentimentos, as motivações, o alinhamento dos interesses das pessoas aos objetivos departamentais e empresariais; a visão do cliente ou do usuário na ponta, a sensação de ser importante, de ser útil e contributivo. Mundo este muito familiar aos profissionais de RH e nada familiar para muitos dirigentes, que por estarem à frente do negócio, não conseguem compreender o motivo das dores que não têm ou que não podem dizer que têm.

Comprometimento Organizacional é um dos preditores importantes de desempenho organizacional. Mas por que esta sensação de que nem todos estão no mesmo barco?

A ABRH Brasil – no ano de 2013 e às vésperas do maior Congresso de RH da América Latina – reuniu um bom número de CEOs de empresas para discutir questões de ordem econômica, fatores críticos de sucesso do negócio e aproximá-los cada vez mais desta fusão necessária entre gente e resultados.

Na enquete realizada, cujas perguntas foram direcionadas para o quadro de executivos diretos, o resultado foi:

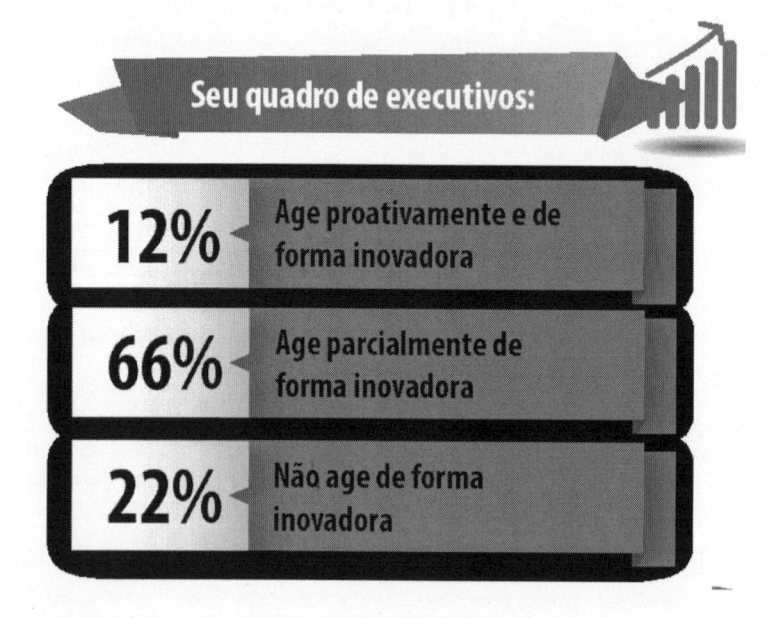

Seu quadro de executivos está:

- **58%** Comprometido com os desafios
- **41%** Parcialmente comprometido com os desafios
- **1%** Não percebo comprometimento

Seu quadro de executivos:

- **12%** Age proativamente e de forma inovadora
- **66%** Age parcialmente de forma inovadora
- **22%** Não age de forma inovadora

Capítulo 2: A Constatação

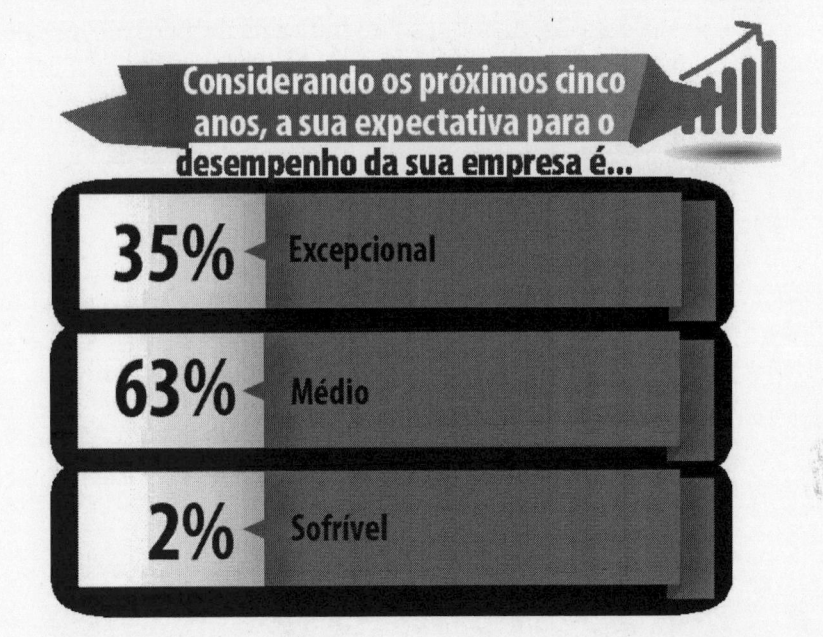

Considerando os próximos cinco anos, a sua expectativa para o desempenho da sua empresa é...

35% Excepcional

63% Médio

2% Sofrível

Pare agora, por favor! Volte para o quadro e reflita sobre os resultados. Estamos olhando para o topo da pirâmide! O que está faltando? Como isso se desdobra? Será que a escassez – sem precedentes – de líderes e de mão de obra especializada que o mundo está vivendo tem levado as empresas a se conformarem com o "mais ou menos", abdicando da excelência? Quais necessidades são estas e por que a inovação e a velocidade de resposta estão comprometidas?

Creio que o momento nunca foi tão oportuno para os profissionais de recursos humanos.

Claro que há uma maior complexidade na leitura de um cenário, e um olhar míope pode encampar práticas de gestão de pessoas muitas vezes desconexas dos principais objetivos estratégicos. Mas essa habilidade está na nossa formação. Nós aprendemos a fazer análises para além do óbvio; aprendemos a enxergar para além das palavras; aprendemos a fazer uso da capacidade de abstração, aprendemos tanta coisa que ficou para trás, como se negócio não se comungasse com gente.

Quando se trata de resultados, as expectativas da alta direção são sempre muito altas. De um lado: caixa, margem, clientes e crescimento parecem ainda não convergirem com as disciplinas da execução, impactando diretamente na rapidez e na qualidade das entregas, nas melhorias nos processos, na redução do índice de desperdício, nas descobertas de oportunidades, na paixão, no inconformismo, na proatividade, no desejo de crescer, tudo que advém de cérebros pensantes, motivados e atuantes. O que deveria andar de mãos dadas mais parece uma briga de opostos.

E assim temos:

ORGANIZAÇÃO Foco no lucro.

LIDERANÇAS Focam no curto prazo; não têm visão sistêmica; o relacionamento cliente e fornecedor interno está prejudicado; não assumem erros; não desenvolvem equipes e a GESTÃO DE PESSOAS É COM O RH.

PROFISSIONAL DE RH Muito conhecimento e pouco alinhamento com as estratégias (encanta-se com casos de sucesso e gasta mal o orçamento). Comunica mal as suas ações e intenções. Pensa sozinho; não busca aliados. Excesso de assistencialismo. Falta de credibilidade por não conhecer o negócio

EQUIPES Não se sentem importantes ou imprescindíveis;
Não entendem os motivos das decisões;
Não são ouvidas e nem desafiadas a oferecerem soluções;
Não são reconhecidas; depositam a sua insatisfação na remuneração

CLIENTE

O jeito errado de lidar com problemas é vê-los como indissolúveis, ou parte integrante e cronificada de um sistema, e meramente conformar-se com a sua existência. Afinal, não está doendo tanto. Mas todo problema é um convite para que tenhamos mais qualidade de vida. Todo problema tem solução e, sem dúvida, é uma boa oportunidade de aprendizado e de fazer a diferença! Reconheça os prós e entre em ação.

Capítulo 2: A Constatação 13

Veja que, finalmente, a alta direção reconhece que boas práticas de gestão de pessoas são fatores decisivos para o sucesso e para a competitividade de sua organização. Isso é mais do que um presente, é o reconhecimento do papel estratégico tão longinquamente esperado por aqueles que estão à frente da área de Recursos Humanos; é a grande hora de fusionar saberes e interesses, conhecimentos com necessidades, e atuar como uma molécula única nessa interface de resultados e as disciplinas apaixonadas da execução, do fazer acontecer.

É seu interesse conhecer as expectativas da alta direção sobre o papel do RH? É provável que a grande maioria grite um SIM magistral, mas a pergunta não é tão óbvia assim. Em primeiro lugar, permito-me afirmar que saber e nada fazer é, na verdade, não saber! E isso corrói a alma. Sem sombra de dúvida, você será desafiado a pensar e a repensar as suas competências, contribuições e planos de melhoria. Eu, com certeza, fico feliz quando organizações entregam-me os seus problemas. Espero, de coração, que você, caro leitor, fique também. Esse é o nosso papel no mundo, algo que está, intrinsecamente, atrelado às nossas escolhas.

Depois, saber demais pode levá-lo a uma dispersão de foco, a uma indefinição de prioridades, o que vai gerar o doloroso sentimento de trabalhar demais e produzir de menos. É bom ressaltar que cada executivo traz o seu olhar de mundo, logo, caberá a você, leitor, discernir e identificar, com inteligência, o que é crucialmente importante para a sua organização

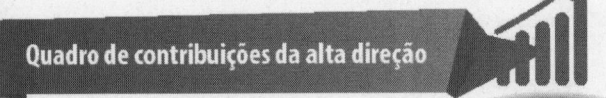

Quadro de contribuições da alta direção

Vice-Presidente América do Sul e General Manager Brasil de multinacional do segmento químico
Presidente de empresa do segmento gráfico para indústria farmacêutica – familiar
Presidente de empresa do segmento de impressão de dados variáveis
Diretor Geral de empresa de distribuição e manutenção de motores e turbinas
Diretor Geral e proprietário de franchising
Presidente de empresa do segmento público
Presidente de multinacional do segmento de software
Reitora de instituição de Ensino no segmento da saúde
Presidente de empresa do segmento financeiro – varejo
Diretor de EHS de empresa multinacional do segmento de tintas

EXPECTATIVAS

Quadro das contribuições de colaboradores

Considere 2.159 líderes – diretores, assessores, secretários, gerentes, coordenadores, supervisores e líderes iniciantes – desenvolvidos pela Leme Consultoria nos últimos cinco anos em um programa de educação continuada (média de 10 meses de duração) intitulado "Liderança Empreendedora: Gestão de Pessoas para os Resultados". Esses líderes receberam de presente o feedback de seus subordinados diretos sobre os seus comportamentos, apontando onde deveriam focar os seus esforços para construírem uma equipe autogerenciável, de alta performance e feliz por ter um superior imediato que a coloca em um patamar que jamais sonhou em estar.

Para que transforme problemas em oportunidades, irei contemplá-lo com as principais insatisfações apontadas por profissionais em relação aos seus chefes, ou seja, quais competências das lideranças precisam ser fortalecidas sob pena de prejudicar o ambiente e, por consequência, os resultados corporativos. Apresentarei, sempre que o tema permitir, o consolidado das insatisfações de 6.787 colaboradores e servidores em relação ao seu superior imediato. Este diagnóstico é uma das primeiras e importantes etapas do processo de aprendizagem, que oferece clareza e foco ao participante quando, em reunião de *coaching*, construirá o seu plano de ação de melhoria.

Capítulo 2: A Constatação

Então... O que a alta administração espera que VOCÊ saiba para fazer a diferença

Expectativas da Alta Direção

- Ter o conhecimento profundo da estratégia e dos impactos que as decisões humanas acarretarão no negócio como um todo.
- Ser o coach de toda a liderança e garantir a execução da estratégia.
- Que os talentos serão mantidos e desenvolvidos e que o CEO não se deixará desviar do caminho correto.
- Que estejam afinados com a gestão do presidente e não advoguem para determinados colaboradores / servidores.
- Que sejam capazes de selecionar talentos e tenham sensibilidade para identificar potenciais quando nem todos os requisitos da vaga são preenchidos.
- Que acompanhem a chegada de um profissional, garantindo a plena e rápida adaptação.
- Que desenvolvam as lideranças continuamente e garantam a existência de sucessores.
- Que cuidem das questões legais sem serem burocratas ou inflexíveis com as pessoas.
- Que cuidem das promoções e deem oportunidade para as pessoas planejarem a sua trilha de carreira.
- Que avaliem o desempenho e que este seja transparente para os avaliados.
- Que tenham diligência e cautela nos assuntos da área.
- Que se envolvam nas ações de responsabilidade socioambientais.
- Que integrem os setores, para que todos os pares estejam alinhados com os principais objetivos da organização.
- Que desenvolvam uma política de cargos e salários considerando os "outputs" do cargo.
- Que tenham visão estratégica, que conheçam os processos do negócio e que estejam alinhados com os principais objetivos.

Aqui está o que a alta direção espera que você SAIBA para FAZER a diferença. Surpreso? De antemão afirmo, com liberdade de expressão, que todas as expectativas fazem parte das responsabilidades da profissão que escolheu.

Recordemos Peter Drucker. Ele não era um pesquisador. Drucker era um observador – e de uma percepção absurdamente aguçada, diga-se de passagem. Tinha um olhar crítico sobre o ambiente e transformava percepções em insights; insights em tendências e ditava as regras do amanhã no agora. Todos o admiravam! E por que ele vem para o nosso enredo? Para que você compreenda que esta sensibilidade de provocar conexões a partir de situações apresentadas pelo meio já é uma forte característica sua e é premissa de sucesso dos profissionais de RH.

Por que abandonamos a capacidade de observar? Onde estão as suas aspirações e as suas inspirações? O que a sua organização necessita para se manter no prumo, em um mundo incerto e instável? Quais os fatores críticos de sucesso e qual a SUA contribuição?

Os profissionais de RH passaram décadas clamando por estarem mais próximos dos dirigentes e muitos, tristemente, não se prepararam para atingir o seu objetivo.

Capítulo 2: A Constatação   17

Como costuma dizer um amigo muito especial: "Cuidado com o que você pede fervorosamente, porque Papai do Céu vai atendê-lo". E não pense que será com dia e hora marcados, pois não será! Portanto, se é o que você quer, se tem dentro de si a energia necessária para lançar--se com determinação na construção de um mundo melhor, não deixe para amanhã o que deve fazer agora e passe a agir como se já tivesse alcançado o seu sonho.

Creio que o momento nos pede insights. Torço para que esses insights possam nos remeter às ações certeiras e sustentáveis. Que as nossas decisões tenham êxito e estejam diretamente conectadas ao sucesso da empresa que representamos e, claro, ao nosso sucesso. Porque trabalhar faz bem! Faça por merecer, pois a oportunidade bateu à sua porta. Negá-la seria um descaso, um retrocesso, um fazer mais do mesmo e a manutenção do sentimento de insatisfação e de aborrecimento; de resignação e conformismo. Desperte o conhecimento que você tem para vislumbrar uma perspectiva de futuro – de ter os seus próprios insights. Poucas pessoas movem-se em direção a um platô de excelência por estarem envolvidas demais na rotina que as consome, mas quando o fazem, costuma ser uma mudança consideravelmente vantajosa.

Pela primeira vez na História o homem é colocado no centro do universo. E para cuidar desse homem, do seu bem-estar, do seu crescimento, você foi escolhido. Não tem recusa. É aceitar ou sucumbir. Faça a sua escolha, pontue os prós e os contras e tenha clareza das renúncias que deverá fazer. A sua determinação inabalável de fazer o que for preciso, dentro do socialmente correto, para ver o empreendimento que representa e as pessoas que o habita crescerem. Resgate a sua força e crie um legado de uma marca centrada no empregado. A saída de uma crise muitas vezes é voltar-se para o básico, para o fundamentalmente importante, é olhar para as suas realizações, para o que fez com que você crescesse. Pense com carinho. Jogue fora o que não serve mais.

Embora sempre faltem algumas peças para completar o quebra--cabeça, ofereço os meus insights dentro da minha história e da minha experiência com empresas e pessoas que confiaram no meu trabalho e me deram a oportunidade de comprovar que pessoas felizes realmente dão mais lucro. Espero ser esta a sua pretensão. Conte comigo!

Capítulo 3

Insight 1

Você faz o que Sabe que Precisa ser Feito na Empresa?

"O planejamento não diz respeito a decisões futuras, mas às implicações futuras das decisões presentes."
Peter Drucker

"*E*stes são os principais pontos que destaco:

- Apoio aos gestores e líderes da companhia, funcionando como um **coach**;
- Atenção à **política de remuneração da empresa**, que deve estar alinhada ao **mercado**;
- **Acompanhamento e monitoramento dos indicadores da área de RH;**
- **Acompanhamento do clima organizacional**, de forma que este esteja **alinhado aos objetivos da companhia e de cada uma das áreas;**
- **Que** seja **um agente importante na assertividade para a contratação de novos profissionais para o time;**
- Seja **responsável pelo programa de avaliação de desempenho da companhia e alimente os gestores com as informações.**"

Carlos Meni
Diretor Presidente – Wolters Kluwer – Prosoft

Capítulo 3: Você faz o que Sabe que Precisa ser Feito na Empresa? **21**

"Devemos começar a deixar claro, a todos, que os principais objetivos da empresa são torná-la lucrativa e atender às expectativas dos clientes. Hoje em dia, com as dificuldades para se encontrar bons profissionais, (os bons já estão empregados), cabe ao RH fazer uma análise adequada no sentido de enxergar um profissional com potencial – mesmo que ele não atenda às exigências solicitadas na vaga – e então treiná-lo e qualificá-lo para a função desejada."

Davidson Tomé
CEO da Gráficos SANGAR – São Paulo/SP

"O RH TEM DE SER proativo. E onde eu espero encontrar essa proatividade? Avaliando cargos e salários e levando em consideração NÃO SOMENTE AS INFORMAÇÕES DE MERCADO, mas principalmente as responsabilidades e **outputs** das pessoas avaliadas. Ter uma regra clara para a avaliação de desempenho, que seja transparente para quem é avaliado. Enfim, que seja um real *Business Partner*. Que antecipe as demandas e não apenas que responda àquelas que surjam na jornada do dia a dia."

Ivan de Paula Rigoletto
Diretor EHS – PPG Latin America South - Sumaré/SP

Você já sabe que, quando desejarmos gerar novas contribuições, devemos nos preparar novamente. Este é o mantra da vida: cresça ou morra.

Investir em si mesmo é sempre um negócio com boa margem de retorno. Se há algo com retorno certo, esse algo se chama aprendizado. Faça cursos em entidades sérias, amplie a sua rede de relacionamentos, integre grupos de RH na sua cidade, leia boas publicações, leia livros grossos, inclua assuntos de áreas diversas... enfim, não se permita virar commodity. Nas páginas finais desta obra você encontrará as minhas recomendações literárias, que poderão ser içadas de acordo com a sua necessidade de aprimoramento técnico.

No entanto, antes de desenhar o seu plano de desenvolvimento, você precisa saber aonde quer chegar. Parece incrível, mas a grande e esmagadora massa de profissionais não sabe quais os seus objetivos de vida, de carreira, o alvo a ser atingido. São embarcações desgovernadas trabalhando muito e produzindo muito pouco. Marcas sem valor. Isso é angustiante.

Talvez você deva pensar sobre as suas escolhas. O que o levou a escolher a área de Recursos Humanos como o melhor lugar para liberar o seu potencial?

A quase totalidade dos profissionais da área afirma que RH foi uma escolha pensada, fruto das características inerentes ao seu próprio perfil, escolha essa que vai ao encontro de um forte impulso de ajudar os profissionais a se tornarem as melhores pessoas que possam vir a ser. Algo como: "eu amo gente".

Maravilha. Isso é extraordinário. Posso deduzir que temos a pessoa certa no lugar certo?

Não prossiga ainda. Reveja a lista das expectativas da alta direção e responda: quanto tempo você precisará para atender, com destreza, a todas as frentes de projetos, práticas e políticas por eles citadas?

Você terá paixão suficiente para focar e persistir nos seus objetivos por cinco, sete ou dez anos, em uma mesma organização? Não esmorecerá diante de desafios, obstáculos, dificuldades, resistências, opositores, pares com condutas díspares às que você prega como melhores para a empresa? A vida vai colocá-lo à prova, muitas vezes, apenas para asseverar de que o seu objetivo é forte e inquebrantável o suficiente para suportar as intempéries.

Não se engane: um RH estratégico se torna estratégico, não nasce estratégico! Cada empresa é única e as suas competências técnicas são importantes, mas não suficientes se você não entender as especificidades do negócio, a dinâmica das relações e os valores organizacionais a serem operacionalizados.

Daqui para frente, já não importarão as ideias brilhantes que você tiver, o discurso acalorado que usa ou os projetos que idealiza. O que pesa é o que você **faz** e **como faz** e não o que pensa, diz ou engendra.

Capítulo 3: Você faz o que Sabe que Precisa ser Feito na Empresa?

Já que o conhecimento é a sua mola propulsora, responda:

- O que eu posso conhecer e aprender de novo com e na empresa em que atuo?

_____

_____

_____

- E o que ela pode e poderá aprender comigo?

_____

_____

_____

Se não localizar a sua voz interior, tudo será um grande sacrifício.

Pronto para começar? A sua resposta só será SIM se as perguntas acima foram respondidas. Eu quero estar equivocada, mas presumo (somente intuição) que você já está neste parágrafo sem dedicar tempo para pensar si. Puxe o freio de mão. Você está pensando no seu futuro. Acelere depois que obtiver respostas claras e contundentes, que permitam que você tenha foco para prosseguir.

Como alguém pode ser bem-sucedido sem encontrar a sua razão de viver? O mundo, meu caro, o colocará à prova dezenas de vezes para que você reafirme o seu compromisso consigo mesmo diariamente. Tenha certeza de que quanto mais você realiza, mais o mundo lhe atribuirá novas e desafiadoras tarefas, porque esse mundo quer saber se você realmente está disposto a se determinar e a persistir no alcance dos seus objetivos. E quanto mais o mundo lhe atribuir tarefas e responsabilidades, mais você aumentará a sua empregabilidade.

Quem bem se dirige, tem muito mais chance de êxito na vida. E a certeza de ter força e valor é o estímulo para o progresso.

Sugiro, portanto, que você não avance sem ter a clareza do que realmente deseja para a sua vida. Ninguém doa o que não tem. E nenhuma execução será gratificante se não aproximá-lo do seu propósito de vida.

Caso não tenha atribuído respostas consistentes para as perguntas que fiz a você, volto a elas sem qualquer presunção de me tornar repetitiva, e adiciono outras para a sua reflexão:

- O que você pode conhecer e aprender de novo com a empresa que hoje representa?

_____

_____

_____

- O que a empresa que você representa pode aprender consigo?

_____

_____

_____

- Onde você pretende estar daqui há dois anos? O que deseja ter atingido?

    Seja específico.

_____

_____

_____

*** **Um verdadeiro sonho jamais será destruído.**

Capítulo 3: Você faz o que Sabe que Precisa ser Feito na Empresa?

- E em cinco anos?

_____

_____

_____

- De zero a dez, sendo zero nada preparado e dez plenamente preparado, o quanto você se sente preparado para atingir os seus objetivos de dois anos?

_____

_____

_____

*Permita-me uma consideração: somos movidos pelo desejo da abundância do que nos é escasso. Sempre temos algo a aprender na vida, independente de posição ou idade.

- O que falta para que você seja DEZ?

_____

_____

_____

Agora, vamos lá. Repita em voz alta o seu objetivo. Mais uma vez. Mais uma.

Se o objetivo fez com que você se sentisse orgulhoso, cheio de ânimo para prosseguir e avançar, você está pronto para abrir mão de tarefas pouco relevantes em prol de ações corretas e concretas. Não adianta fazer as coisas de forma certa. Temos que fazer as coisas certas e, para tal, é necessário abrir espaço para o novo, para o essencialmente importante.

O que deixarei de fazer?

O que começarei a fazer?

Como farei o que estou me propondo fazer e até quando?

*Elabore um plano com **ATÉ** três ações para que o foco seja mantido e não haja dispersões. Institucionalize o senso crítico de qualidade — uma rigorosa avaliação do que é crucialmente importante — do que realmente importa para você e para a empresa que você representa.

Capítulo 3: Você faz o que Sabe que Precisa ser Feito na Empresa? **27**

Agora, basta agir orientado por suas escolhas. A vida trará de volta tudo o que você colocar nela. Se você deseja que as pessoas se relacionem melhor, relacione-se melhor com elas. Se você quer uma equipe mais competente, desenvolva as suas competências. Se você quer contribuir no atingimento dos resultados da sua empresa, faça-se presente. Se você quer mais comprometimento da sua equipe, desperte-a para a ação, construindo uma relação de altíssima confiança e lidere pelo exemplo.

Se deseja que a alta direção esteja mais próxima do RH, aproxime-se dela. Se você quer ganhar dinheiro, ajude as pessoas a ficarem ricas. Tenha a mente de empresário. Resolva os seus problemas; ajude as pessoas a mudarem o seu padrão mental limitante. A vida é a prova das nossas capacidades. Nada é coincidência, tudo é consequência. Esteja preparado para encantar o seu cliente interno.

Certa vez, li a respeito do besouro, aquele inseto preto e barulhento que tromba com obstáculos quando voa e, na maioria das vezes, não resiste e cai. Na verdade, pelas leis da física ele não poderia voar: é pesado demais e suas asas são muito pequenas para sustentá-lo. O fato é que ele voa, e voa porque desconhece as leis da física.

É por essa razão que enfatizo: não permita que crenças absolutistas inibam ou interrompam o seu trajeto. Serão as suas decisões e não as suas condições que determinarão o seu destino.

Sigamos adiante. Chegou a hora de conectar os seus objetivos de crescimento com os principais objetivos da sua organização e o quadro de expectativas relatadas pela alta administração demonstra que o caminho será longo e árduo.

Tantas são as demandas que me dou o direito de retomar a pergunta:

Você faz o que sabe que precisa ser feito na empresa?

Pontue tudo o que sabe frente às suas entregas atuais. Para quais problemas você foi contratado? O que o momento está exigindo? Quais as metas do seu chefe?

Preocupante é confirmar que a grande maioria dos responsáveis pela área de RH ainda "briga" para se desprender da rotina, das funções administrativas e burocráticas que impactam diretamente o movimento e as respostas do departamento frente às necessidades da empresa.

Há carência de alinhamento das ações de RH com os objetivos e desafios da companhia. A ausência de foco e a indefinição de prioridades são outros fatores que contribuem para que os profissionais trabalhem demais e produzam de menos. Muitos relatam a terrível sensação de sentirem-se esgotados ao final de um dia, sem que as ideias planejadas tenham sido executadas.

Sabe-se que é inviável resolver todas as necessidades concomitantemente. É preciso que seja determinado o grau do problema (atual ou futuro) que você deseja exterminar, definir a ação e medir o sucesso das suas intervenções.

Para ser estratégico você precisa ser parte integrante da estratégia; trabalhar com a alta direção é fator crítico de sucesso para o êxito das suas intervenções. Todos reconhecem que o seu conhecimento tem alto valor nesse cenário tão conturbado e indefinido, mas gênios solitários continuarão perambulando entristecidos e sem apoio.

Como você não foi contratado para ganhar um concurso de popularidade tampouco para estar no pódio sendo idolatrado pelos que o cercam, é premente a necessidade de pensar junto e de ganhar aliados. Não há vitórias solitárias. Se desejar maior rapidez na tomada de decisão, convide uma plateia para pensar junto e simplesmente pense junto — mesmo que, de antemão, imagine conhecer todas as respostas — em vez de tentar resolvê-las isoladamente. Expanda o seu raio de ação e forje parcerias.

> *"Quando você começar a sentir-se a pessoa mais essencial do mundo, sua carreira começará a descarrilar. Muito cuidado com o ego: o pavão de hoje é o espanador de amanhã."*

Agora, fusione as necessidades prementes do negócio com as metas de curto prazo (vamos começar por aqui), os seus objetivos de vida e carreira com as práticas em gestão de talentos – suas competências –. Construa uma lista de soluções para as defasagens empresariais visíveis. Reúna a alta administração (peça um espaço na agenda. Se não o fizer, as chances de o convite ser feito serão bem remotas) e pergunte se os integrantes dela consideram que as práticas que você priorizou estão intimamente ligadas ao sucesso do negócio. Algo como: "Senhores, em uma escala de zero a dez, onde zero é desnecessário e dez crucialmente importante, quais das ações aqui propostas comungam com o êxito do negócio?".

Os executivos, na maior parte das vezes, sabem o que é necessário ser feito e a construção coletiva da definição das melhores práticas desencadeia benefícios culturais e financeiros para as partes envolvidas. É um ritual de passagem da angústia ao alívio. Quase irrecusável!

E ainda, o apoio público da alta administração fará com que você lidere pela ação. E mais: a vida de muita gente vai mudar porque vocês estão reunidos.

É preciso dizer mais alguma coisa?

Sim, é preciso dizer! Comece por algo. Não precisa ser revolucionário, desde que impacte positivamente os resultados. Você está sendo pago para dar soluções.

Ensine mais! Compartilhe mais! Pergunte mais! Ouça! E por favor, faça escolhas corretas. Cuide para que os modismos não asfixiem as suas decisões. Modelos e práticas admiradas nem sempre serão as melhores escolhas para o momento e para a cultura da sua empresa. Traga para o seu lado parceiros/fornecedores que sejam capazes de entender as necessidades e que façam acontecer o combinado com respeito, flexibilidade e que sejam a extensão da sua voz.

E, claro, tenha ferramentas para fazer a gestão.

Não é por acaso que a tecnologia da informação ganhou corpo no mesmo momento em que o conhecimento passou a ser visto como o maior patrimônio de uma empresa. No entanto, chama a minha atenção o fato de a área de TI ainda ser vista, por muitos profissionais de RH, como um simples recurso para a automatização de processos. Muitas informações relevantes não são transformadas em insights e esse é um dos motivos de apagarem-se incêndios incessantemente. São dados não tratados, de importância sem igual, que ficam guardados em máquinas até que alguém os peça. Muitos se permitem trabalhar arduamente realizando levantamentos acerca do *turnover*, absentismo, acidentes de trabalho, sem atuar sobre eles. As medidas são sempre históricas, quase nunca de direção. Muita reação, pouca proatividade.

Planilhas e planilhas consomem um espaço imenso. De que adianta ter números sem ações e, ainda, negligenciar a experiência interna? A TI não vai fazer acontecer, pois banco de dados sem a gestão do conhecimento é só banco de dados – um arquivo morto. No entanto, TI e Gestão de Talentos têm uma relação quase simbiótica.

O mundo da tecnologia melhorou substancialmente em velocidade e qualidade. Mas, e quanto a nós? Estamos melhorando?

Não defendo a compra de sistemas caros ou de última geração. Defendo que as informações sejam transformadas em percepções e que a força da inteligência humana – dos profissionais de RH – acelere mudanças, quem sabe até rupturas. É tratar a informação, abstraída da tecnologia, como a sua central de inteligência.

O que leva um executivo a explicitar a necessidade de uma avaliação de desempenho que tenha regras claras e que seja transparente? Fiquemos neste exemplo. Olhe para a sua empresa: você avalia o desempenho humano? A metodologia utilizada permite avaliar o profissional nas perspectivas comportamentais, técnicas, responsabilidades da função e os resultados das entregas? A construção do inventário comportamental teve a participação de uma amostra significativa de pessoas? Você trabalha com comportamentos observáveis e não com conceitos generalistas? A alta direção participou da validação do inventário e soube precisar quais as competências essenciais para o sucesso futuro do negócio? Foi realizado o empenho entre líder e liderado a fim de que possa ser constatado o que se espera deste último antes da avaliação? Todos têm conhecimento legítimo do que é esperado? Os líderes da sua empresa estão habilitados para realizar uma avaliação justa, apartada das preferências pessoais, oferecerem feedback contínuo durante o ciclo de tempo que antecede a avaliação? Os planos de ação são construídos pelo próprio avaliado e acompanhados pelo líder?

Se a massa crítica não estiver preparada, se não houver envolvimento, não haverá engajamento e todo o investimento de tempo e recursos será em vão.

Capítulo 3: Você faz o que Sabe que Precisa ser Feito na Empresa?

Você se vale das informações para identificar quais competências requererão esforços imediatos sob pena de comprometer os resultados do negócio? Abdicou do ultrapassado levantamento das necessidades de desenvolvimento, o que forçava um gestor a apontar algo como necessário quando, na verdade, tratava-se de algo definitivamente desprezível?

Penso que uma pessoa não é somente os resultados que ela apresenta. Por isso, sou favorável à implantação de sistemas de gestão de desempenho que avaliam as entregas das pessoas nas quatro perspectivas acima. E sou favorável também à adoção de critérios de diferenciação claros, compreendidos por todos, compactuados, inspiradores e desafiadores.

Não basta avaliar, é necessário fazer a gestão. Da mesma forma, ter dados sobre o crescimento ou involução nos índices de absenteísmo, resultados da pesquisa de clima, afastamentos, *turnover* e nada fazer com eles é, no mínimo, ignorância extrema. A TI pode oferecer suporte às suas decisões, permitindo que análises de risco, e em tempo real, sejam realizadas.

Entenda os meus questionamentos como uma indignação construtiva.

Vitoriosos querem vencer. Vitoriosos precisam ser vistos e reconhecidos. Se uma gestão de desempenho como foco em competências vier atrelada à remuneração estratégica, sem dúvida será uma excelente forma de descobrir, corrigir, valorizar e reter talentos.

Cuide apenas para não confundir diferenciação com competição. Você pode – e deve – implantar uma remuneração estratégica, oferecendo ganhos aos melhores e levando todos a acreditarem que podem chegar lá. Esse negócio de parte dos lucros para os 25% do quadro é, no mínimo, um desrespeito ao todo. Você pode até concluir que apenas 25% são merecedores de um reconhecimento, mas definir antecipadamente que 75% serão perdedores significa que você está declarando que, na sua empresa, a formação de equipes não é vantajosa, desejável e atingível. Uma metodologia estratégica tem que ser estratégica.

Com ferramentas para fazer a gestão, e FAZENDO a GESTÃO, você prosseguirá com muito mais segurança. Como consequência, as possibilidades de sucesso crescerão formidavelmente.

Então, nada de romantismo! E nada de esforço mínimo! Pensar, raciocinar, analisar, perceber, intuir, propor, mensurar e celebrar nos diferenciam da máquina. Ainda não descobriram quem nos substitua, logo, está valendo a escassez – até que um dia as exigências em relação ao nosso desempenho sejam outras.

Saber e não fazer é, na verdade, não saber.

Anote os seus insights e obtenha ganhos que o surpreenderão.

_____

_____

_____

_____

Capítulo 4
Insight 2

Seja Crível e Melhore os seus Argumentos Decisivos

"Para mim, o mestre dos mestres é o exemplo e, por isso mesmo, precisa dar o exemplo. A equipe de RH deve procurar evitar, de forma determinada, a incoerência, ou seja, a existência de dissonância entre o que explicitamente é exposto/proposto e o que se faz. Acredito que se percebido pelos colaboradores esse espírito, essa atitude na equipe de RH, tal área passe a contar com a confiança e o respeito de todos e a ter um papel estratégico, especialmente quando os principais Executivos da organização reconhecem essa importância – o que de fato ocorre no nosso caso. Respirando essa responsabilidade, deve cumprir seu papel de planejar o processo de desenvolvimento de "k" intelectual, ou seja, cuidar do processo de recrutamento/seleção, contratação, formação e desenvolvimento e acompanhamento dos colaboradores, planejando, também, a renovação orgânica do quadro (programas de menores, estágio ou *assessment*/sucessão), vigilante do ponto de vista de sua qualidade, especialmente no que tange à compreensão pela Organização e agindo como guardiã e principal indutora do entendimento e desenvolvimento do "k" social."

Osvaldo Cervi
Presidente da IBI Promotora - São Paulo/SP

"Entendo que o principal é a extrema diligência e cautela nos assuntos da área – o que já ocorre – e que estejam afinados com a gestão do Presidente, sendo o primeiro setor que deve tentar entender suas razões e jamais "advogar" para determinados servidores."

Paulo Adib Casseb
Presidente do Tribunal de Justiça Militar do Estado de São Paulo

Capítulo 4: Seja Crível e Melhore os seus Argumentos Decisivos 35

É importante considerar que as dinâmicas emocionais interferem na sua performance. E que, por todo o tempo, a sua credibilidade será colocada à prova.

Prezado leitor, é impressionante como profissionais de Recursos Humanos valem-se de suas habilidades comunicativas e deixam à revelia a capacidade de escuta. Saber perguntar e saber ouvir são os maiores segredos do sucesso na vida – uma relação de causa e efeito entre diálogo e ações bem-sucedidas.

Cada um de nós depende de todos nós! Não se deve transformar pares em meros espectadores, mas em pessoas participantes de um processo ativo de construção de conhecimento. Será por meio do exercício do pensar coletivo e por meio da tomada de decisão participativa que você conseguirá atingir seres humanos em todas as esferas. Esteja aberto a isso, já que as contribuições alheias criam vínculos e amadurecem grandes propostas, tornando-as passíveis de realização.

A troca de informações e o compartilhar de visões e competências variadas são insumos básicos para que decisões sejam tomadas com inteligência. Ouvir é a matéria-prima do diálogo. Além do mais, dissipa conflitos e disputas internas de territórios que comumente resultam em desgastes, desgostos, perdas de produtividade, acidentes de trabalho, não cumprimento de prazos e metas, e claro, perda de clientes.

Falar bem, posicionando-se frente a um problema ou desafio, é bacana. Mas que tal daqui para frente segurar o ímpeto de falar por falar?

Se você se dispuser a:

- Permitir que as pessoas concluam o seu raciocínio antes de se manifestar;
- Fazer perguntas para se certificar do entendimento antes de tecer comentários ou oferecer a sua resposta;
- Compreender que no mundo do comportamento não há verdades absolutas e nem universais. Ter cuidado com as deduções da verdade, onde defende-se um ponto de vista para aclamar que "eu" estou certo e "você" está errado;
- Respeitar outros pontos de vista e valorizar a diversidade (descubra como flexibilizar o seu estilo de comunicação a diferentes variedades de personalidades e poupará dores de cabeça);
- Ouvir-se, ouvindo! E represar o impulso de buscar respostas antes de o interlocutor concluir o raciocínio dele. Você não está sendo sabatinado. Tenha calma! Escute com atenção. As respostas podem vir depois;
- Controlar o não verbal (a linguagem visível do que deveria ficar invisível) para não transmitir impaciência, descaso ou indiferença para com aquele que fala;
- Entender que nem todas as respostas precisam ser dadas no momento da formulação da pergunta, na pressão. Sem pressa!
- Respeitar o direito de livre expressão. Além de ser democrático, servirá para identificar fatores de risco que precisam ser tratados imediatamente, sob pena de comprometer o resultado de um trabalho;
- Pense ganha-ganha, ou nada feito! Pergunte-se antes da venda de uma ideia: qual é o meu objetivo? O que desejo alcançar? Às vezes temos de fazer o que não queremos para atingir o que queremos;
- Se discordar, discorde dos fatos e deixe a pessoa de fora;
- Se concordar, apoie os resultados e enalteça a pessoa;

Capítulo 4: Seja Crível e Melhore os seus Argumentos Decisivos **37**

- Posicionar-se com firmeza diante de comentários predatórios, destrutivos, infundados ou agressivos. Ofereça feedback imediato, sem julgar ou adjetivar o sujeito, e traga o emissor descontrolado para o eixo da conversação. Relembre-o o que os reúne. Saliente os objetivos comuns. Pessoas emocionalmente abaladas dificilmente chegarão a um denominador comum.

Com algum esforço, esse ganho de competência trará a você a incrível capacidade de ouvir, pensar, falar e institucionalizar a cultura do diálogo. E você sabe que o sucesso de qualquer profissional dependerá dessas capacidades.

Como muito bem já dizia Padre Antonio Vieira: "As palavras movem, os exemplos arrastam".

Você quer que alguém compre a sua ideia?

Tenha autoridade moral pessoal! Ninguém consegue manter-se em crescimento senão por ela. Afinal, você precisará influenciar pessoas sobre as quais não tem nenhuma autoridade formal.

Como líder e representante da área de Recursos Humanos, você é o cuidador de um empreendimento, correto? E como cuidador de um empreendimento, não é facultado que você fale mal da empresa que escolheu para trabalhar. Faz sentido o que eu digo para você?

Pois bem, isso valerá para você e também para todos os líderes da sua organização. Mostre o impacto destrutivo que esse comportamento causa. Comentários sobre pares e membros de equipe têm efeito perverso e criam imagens mentais destrutivas em tudo e em todos que estão à sua volta. Isso se chama deslealdade. Não permita que pequenos atos impensados descarrilem uma carreira. Tenho alguns bons exemplos de profissionais promissores que fracassaram por não serem críveis. Não engrossemos as estatísticas.

Os nossos comportamentos precisam nos aproximar dos nossos objetivos e não nos distanciar deles. Empregue a franqueza e o diálogo como forças na sua gestão. Mesmo que nem todos estejam preparados para ouvir o que precisa ser dito, definitivamente, não fale mal das pessoas pelas costas. Isso é caráter!

Para aquelas situações e interações que deflagram suas fraquezas, tente tratá-las fora da empresa. Tenha com quem conversar: um conselheiro, um mentor que possa orientá-lo e lhe oferecer bons conselhos. Pense e sistematize reuniões com um grupo de amigos e profissionais que atuam em outras empresas que não a sua – pessoas com quem não precise competir – e troquem ideias sobre tudo o que mais lhes importam. Isso enriquece. Uma troca de experiências de situações já enfrentadas por outros que podem perfeitamente bem, com algum ajuste, adaptar-se à sua realidade.

Por quem você procura em momentos difíceis?

Muitos erguem as sobrancelhas quando afirmo que não existe amizade dentro do ambiente de trabalho. Mas não trago a minha crença. Estou compartilhando a minha vivência e experiência em RH. Há uma diferença incontexte entre relações amigáveis e de amizade. Se, em um momento difícil, para se defender, alguém precisar apontar culpados, seu nome vem à baila sem pudor.

É fato que no mundo dos relacionamentos, você ainda se deparará com pessoas que têm a capacidade de fazê-lo colocar para fora o seu pior. Entretanto, não se aflija, pois não é a maioria. Todos nós estamos em evolução, alguns mais adiantados, outros mais atrasados, e você precisa estar preparado para isso! Você precisa criar mecanismos internos para não ser negativamente atingido. No ambiente corporativo, não interessa o quanto de potencial você tem, mas o quanto você acessa desse potencial quando o mundo precisa. Portanto, autocontrole é fundamental. Não se nivele por baixo,

Capítulo 4: Seja Crível e Melhore os seus Argumentos Decisivos

mantenha a sua postura vitoriosa e inatingível. E repito: não fale mal das pessoas pelas costas. Nada fácil? Se a vida fosse fácil, talvez não precisassem de nós.

Talvez devamos desenvolver uma consciência sobre nós mesmos e trabalharmos concentrados nas nossas motivações. Profissionais de Recursos Humanos falham, na maior parte das vezes, não por não saberem conduzir as suas equipes, mas porque não souberam conduzir a si próprios.

Você precisa encontrar a sua voz interior e ter respostas para afirmar a si mesmo, continuamente, o que mais tem importância em sua vida. O que faz com que você se entusiasme? Quais as suas fortalezas? Após responder a essas questões, use a sua liderança para conquistar um senso de vitória coletiva, de forma que a sua voz e a voz da alta direção sejam uníssonas.

Como você vai envolver, engajar e motivar pessoas a atingirem resultados se você mesmo verbaliza o seu descrédito em relação à organização? Alguns me dizem: "Marcia, mas a relação entre mim e a empresa é muito parecida com a relação pai e filho. Eu me permito fazer comentários quando vejo coisas que poderiam ser evitadas acontecendo. Mas não admito que alguém de fora fale mal do meu filho ou da minha empresa". Que formidável! Não, não há nada de formidável nessa justificativa! Não é plausível.

Para ser franca, você não tem autonomia para falar mal da organização, de pares e nem mesmo do seu filho. Não tenho como interferir na sua vida pessoal, mas pense comigo: como falar mal de um filho para alguém se é você o grande responsável por ele? A sua voz na empresa – e na mente do seu filho – tem um peso, e as palavras ficam cravadas na memória para sempre.

A falta de confiança dentro das organizações tem comprometido diretamente os custos e a velocidade de respostas no mercado. Nada mais, nada menos que dois componentes importantes da receita empresarial.

Não faça parte da estirpe de pessoas queixosas. Ajude-as, como RH, a entenderem o impacto de seus comportamentos no ambiente. Muitos não têm sequer a noção do rastro de destruição que deixam.

Tenha em mente que você é a voz do presidente! O que quero dizer é que, nas decisões tomadas entre vocês, não poderá haver qualquer tipo de discordância publicada. Entre paredes, a discussão pode ser outra, até que, juntos, definam quais alternativas serão mais razoáveis para a empresa que representam. Com a porta aberta, vocês serão uma só voz! Mesmo que você não concorde integralmente com a solução proposta, teve a chance de compartilhar dos ajustes que acreditou serem pertinentes. Se não convenceu, convencido estará! E pode começar a fazer tudo o que compete a você para que o combinado dê certo. Isso é aliança pautada na confiança: não confunde as pessoas e não dá margem para fantasias infundadas.

Comentários como "eu bem que avisei" são contrários ao seu papel de um RH Estratégico. Se não foi ou não está sendo ouvido, trate de desenvolver a sua capacidade de convencimento e se esforce para dominar a arte da persuasão. Assuma que há falhas na sua comunicação e pelo menos 1/3 da responsabilidade pelo insucesso de se fazer ouvir e convencer pertence a você.

Confiança e credibilidade estão intrinsicamente ligadas a um discurso coerente com a prática. Junto às suas competências, esses quesitos determinarão se o seu sucesso será longo e proveitoso ou de curta duração. Cada escolha, uma renúncia! Faça a sua.

Pois bem, promessas não cumpridas, atitudes e comportamentos que destoam do que é propagado, justificativas deslavadas/não responsabilização; falta de humildade, de lealdade, de respeito (intrigas matam o respeito); incapacidade de realização; lacunas de competências essenciais para estar na função que ocupa são itens que paralisam uma carreira.

A forma como "coisas" se revelam no ambiente depende muito de como essas "coisas" estão dentro de nós.

As pessoas nos observam o tempo todo e, a não ser que você tenha poderes de se tornar invisível – até que em alguns momentos seria uma benção – acho prudente que comece a se observar mais. A diferença está nos detalhes. Se você deseja que os líderes da sua empresa sejam gestores de pessoas, seja você um grande líder. Se o cumprimento de prazos é fator de sucesso na organização que representa, cumpra prazos. Se você espera que todos se sintam donos do negócio, não desperdice.

Capítulo 4: Seja Crível e Melhore os seus Argumentos Decisivos

Muitos autores têm discorrido sobre o impacto da confiança nas organizações. Stephen Covey, no livro *A Velocidade da Confiança*, afirmou que a confiança e a credibilidade sustentam-se em quatro cernes, denominados: integridade, intenções, capacidades e resultados.

Os dois primeiros cernes, segundo Covey, têm a ver com caráter; os outros dois, com competência, mas os quatro são necessários para a autoconfiança.

Na visão de Covey, uma pessoa é íntegra quando há a consonância entre as suas palavras e as suas ações. É ser congruente de dentro para fora, tendo a coragem de agir em plena conformidade com seus valores e crenças tanto em épocas de bonança como, e principalmente, em momentos caóticos.

A intenção tem a ver com seus motivos, seus objetivos, o seu lema, a sua bandeira e, por consequência, o seu comportamento. Quando os motivos são claros, verbalizados e explorados continuamente, como também baseados em benefícios mútuos, as pessoas compreendem os porquês dos esforços e a vida passa a ter sentido. Isso gera comprometimento, porque conecta emocionalmente as pessoas a uma força maior; um porquê viver.

Quando suspeitamos que alguém tem um objetivo escuso, que não há reciprocidade ou que esteja agindo de acordo com os seus próprios interesses, passamos a desacreditar em tudo o que esse alguém fala ou faz.

Já as capacidades são as habilidades que temos: os recursos que usamos para produzir resultados. As nossas competências para gerar soluções e resolver problemas em total sincronia com os objetivos da empresa.

Resultados retratam a nossa capacidade de realização, o nosso desempenho, as nossas entregas. Quando os resultados prometidos são atingidos, adquirimos a reputação de realizadores, de pessoas que fazem acontecer.

Covey comprovou, em pesquisas, que 90% das falhas de liderança são de caráter.

Veja o exemplo fictício abaixo.

> LV, um profissional com bons quilômetros rodados, gerenciava a área de manutenção de uma empresa. Devido aos bons vínculos de amizade com os proprietários sentia-se, além de tudo, privilegiado e protegido. Casado pela segunda vez, LV era um galanteador e usava o seu discurso de Don Juan para assediar as mocinhas bonitas da produção. Quando desejava desabonar publicamente algum par, exigia que a equipe fizesse uso do e-mail para atacá-lo, ditando o enredo e fazendo com que as mensagens saíssem do computador do seu liderado. Quando se "engraçava" com alguma colaboradora, usava os recursos da empresa para deslocamento próprio e viajava para outros estados. LV, em reuniões, demonstrava total falta de entendimento em relação aos objetivos estratégicos, tecendo comentários, muitas vezes, fora de contexto. Quando questionado sobre entregas não realizadas, defendia-se grosseiramente, terceirizando responsabilidades. Todas as suas ações visavam aos ganhos pessoais ou departamentais. LV tinha uma visão bastante estreita da função. Queixas no RH passaram a ser frequentes. A diretoria de Recursos Humanos foi informada e disse que era um assunto que requereria cautela para ser resolvido, por se tratar de uma contratação de um amigo. LV perdeu credibilidade e passou de referenciado para uma pessoa de mau caráter, pela equipe e pelos pares, não digna de crédito. E continua a sua trajetória na empresa, até que alguém se sinta confortável para tratar o assunto sem ferir quem o contratou.

Você decide o final: O que você faria, como profissional de RH?

- [ ] Ficaria calado, afinal, o problema não lhe pertence.
- [ ] Tentaria se conformar, afinal, já fez a sua parte e o seu diretor já está informado.
- [ ] Chamaria o senhor LV para uma conversar franca.
- [ ] Cavaria a cova de LV, criando situações para que ele enforque-se.
- [ ] Outra solução mais plausível: _____

Capítulo 4: Seja Crível e Melhore os seus Argumentos Decisivos 43

A ausência da confiança não somente prejudica todas as demais habilidades de um líder, como também a manutenção de um profissional de caráter duvidoso no quadro afeta diretamente os resultados da organização. A confiança é o passaporte para o futuro. Isso se constrói no presente e as empresas pagarão caro por não tomarem decisões! Eu realmente espero que os profissionais de Recursos Humanos e a alta direção tenham a coragem de mudar o que deve ser mudado. Boas decisões reduzem os efeitos colaterais, limitam os prejuízos e resgatam a vida.

A inexistência de confiança favorece o nascimento de ações de autoproteção. O medo impera e o autoritarismo passa a ser o modelo de gestão. Quando líderes não se sentem capazes de levar a equipe a um patamar de alta performance – equipes não nascem prontas, equipes são feitas de pessoas e merecem toneladas de atenção –, passam a usar o cargo para alcançar resultados.

Inábeis na solução de conflitos, esses líderes permitem que problemas comuns se tornem crônicos, destruindo ambientes. Muitos executivos procuram a mim querendo entender os motivos da falta de comprometimento. Ou melhor, desejando que eu resolva o problema da falta de engajamento dos colaboradores. Na maior parte das vezes, o problema está neles mesmos e na equipe de diretos que lidera.

Analisem o feedback de liderados aos seus superiores imediatos. A pesquisa, que envolveu uma amostra dos liderados diretos de gestores de organizações, traz o percentual de insatisfação apontado por 6787 colaboradores/servidores. Um consolidado dos últimos cinco anos.

RH
Aqui estão as nossas maiores insatisfações

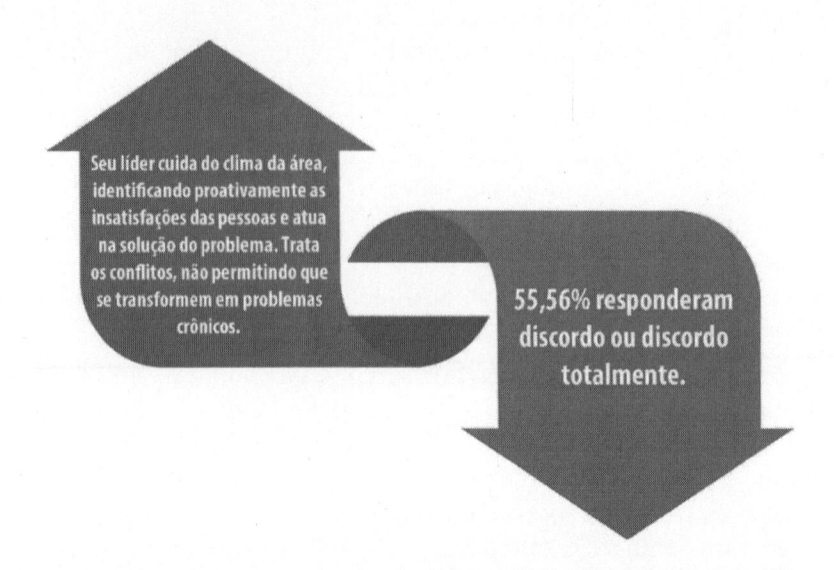

> Seu líder cuida do clima da área, identificando proativamente as insatisfações das pessoas e atua na solução do problema. Trata os conflitos, não permitindo que se transformem em problemas crônicos.
>
> 55,56% responderam discordo ou discordo totalmente.

Por que conflitos não são tratados? Ora, porque não foram sequer percebidos! Os líderes estão tão atribulados executando tarefas que deveriam estar sob a responsabilidade dos seus diretos que não encontram tempo para observarem os acontecimentos ao redor. Estão tão sobrecarregados que obstruem o duto da liderança na organização; não formam pessoas e, o mais triste, levam as pessoas a não desejarem crescer verticalmente, pois elas não querem para si o fardo da chefia. Perigoso, não é mesmo?

Muitos ainda não compreenderam que um dos novos valores de sua função como líder é tornar a equipe bem-sucedida, e centralizam de tal forma que acabam por não suportar a carga cumulativa da nova responsabilidade.

Mas eles não aprenderam isso! Não aprenderam como gerenciar conflitos, como delegar tarefas, como desenvolver pessoas. São extraordinariamente bons tecnicamente, e acabam fazendo por si mesmos e mais rapidamente o que poderia ser realizado pela equipe. Transferência de saber é essencial na liderança, mas evoca um tempo de dedicação, de acompanhamento e de feedback. Claro que, inicialmente, haverá uma perda de qualidade e de velocidade, até que o colaborador sinta-se plenamente preparado para realizar a tarefa com maestria e

Capítulo 4: Seja Crível e Melhore os seus Argumentos Decisivos   45

se tornar ainda mais competente do que o seu chefe. Porém, muitos sofrem retaliações por desejarem aprender. Ambição e aspiração de crescimento ainda são vistos como ameaças e as empresas estão pagando caro por isso.

Veja este outro indicador de insatisfação:

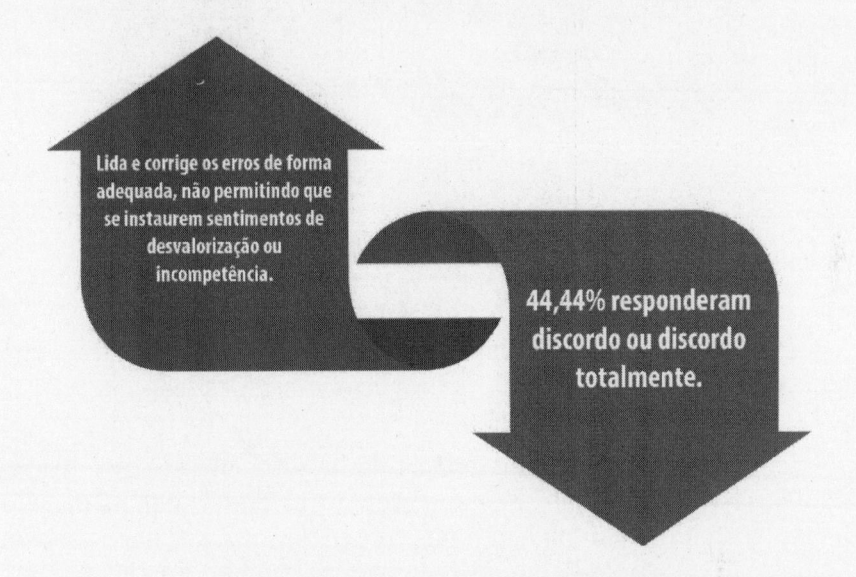

Lida e corrige os erros de forma adequada, não permitindo que se instaurem sentimentos de desvalorização ou incompetência.

44,44% responderam discordo ou discordo totalmente.

Se quase 45% dos liderados atendem o chefe porque ele é chefe, a crença do "manda quem pode, obedece quem tem juízo" está institucionalizada. Mais prós ou mais contras? Quais os seus insights? Como está a capacidade de inovação na sua empresa? E a gestão do conhecimento? As pessoas se sentem importantes para o negócio? A empresa tem um banco de reservas, um time de sucessores para passar o bastão?

Muitos líderes se veem secretariando a própria equipe: "Você já fez? Ligou? Analisou? Definiu? Terminou? Entregou?".

Não há uma cobrança mútua de responsabilidades. Microgerenciam ao ponto de nada mais acontecer se não for pela sua presença.

Se isso tem impacto nos resultados? Vamos analisar este indicador de foco em resultados:

46 *Um RH Visto de Cima*

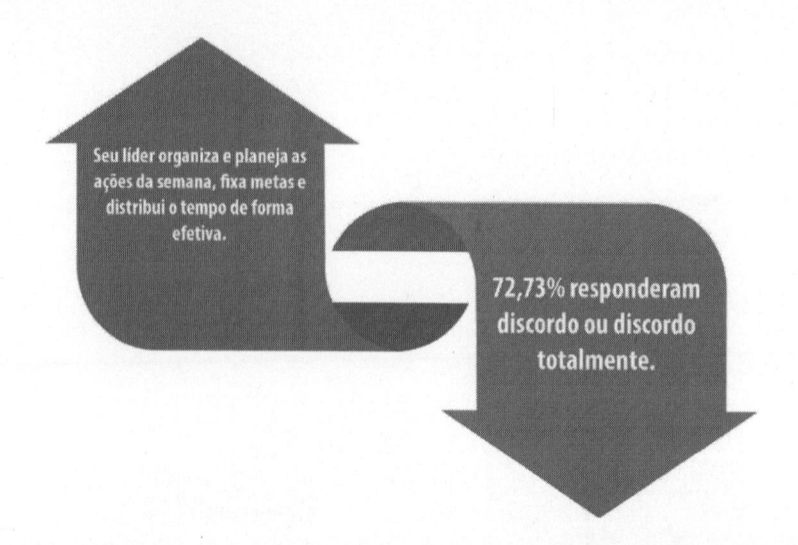

> Seu líder organiza e planeja as ações da semana, fixa metas e distribui o tempo de forma efetiva.

> 72,73% responderam discordo ou discordo totalmente.

Fica claro que as pessoas em posições de liderança não assumiram ainda o seu papel como líder. Equipes bem-sucedidas respondem bem no curto prazo.

Há *gaps* sérios de competências em gestão que afetam diretamente os resultados: não se estabelecem prioridades; não há marcos preestabelecidos; não há acompanhamento e, quando não recebem o que esperam, se frustram. Isso enfraquece as habilidades de uma organização. Isso demonstra que o problema não necessariamente está na estratégia, mas na execução. E as pessoas? Elas estão conectadas à estratégia?

"Um bom chefe faz com que homens comuns façam coisas incomuns."

Peter Drucker

Capítulo 4: Seja Crível e Melhore os seus Argumentos Decisivos   47

Reflita sobre outras insatisfações relatadas por colaboradores e marcadas por *gaps* em foco em resultados:

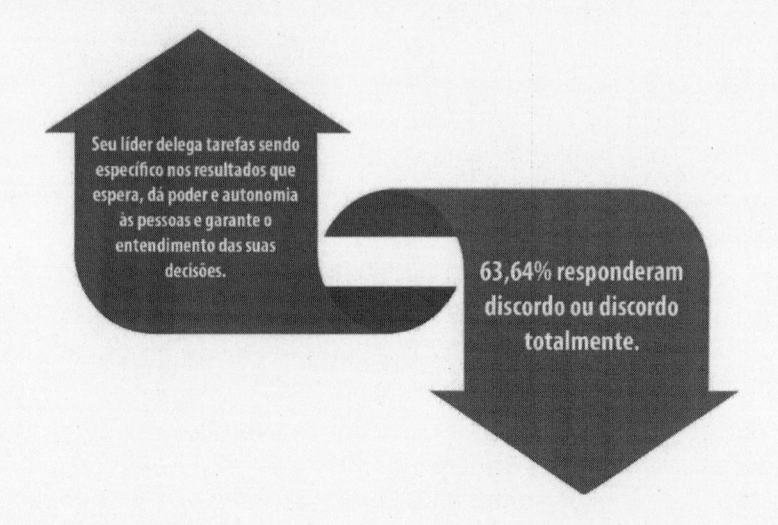

> Seu líder delega tarefas sendo específico nos resultados que espera, dá poder e autonomia às pessoas e garante o entendimento das suas decisões.

> 63,64% responderam discordo ou discordo totalmente.

Olhe à sua volta. As pessoas estão direcionando os seus esforços para os principais objetivos da organização? Ações visando os resultados não ocorrem no vácuo. Sem pistas, sem líderes, pessoas mais parecem botes perdidos esperando o melhor vento.

Você sabe, tanto quanto eu, que um grupo de pessoas pode se tornar uma equipe. Basta não deixarmos as coisas como estão.

Se você, profissional de RH, aceitar o desafio da virada, se desejar profundamente realizar a transformação da sua força de trabalho e desencadear ações sérias de desenvolvimento de líderes e equipes, pegará ritmo novamente. Garanto que as pessoas querem abraçar algo pelo qual se sentem responsáveis. A liderança é responsável por muitas das esperanças em todas as organizações. Voltaremos ao tema LÍDER mais à frente.

Você quer que alguém compre a sua ideia ?

Melhore os seus argumentos decisivos.

A sua linguagem precisa estar vinculada às principais necessidades estratégicas e direcionada para a solução de problemas que acometem a empresa.

RH sempre queixa-se do orçamento, do investimento minguado que chega às suas mãos e muitos se orgulham de conseguir multiplicar os pães. Mas qual o preço das suas escolhas?

Em momentos difíceis, reclamam que o seu orçamento é o primeiro a sofrer cortes.

Com a crença de que a área de Recursos Humanos é um centro de custo e não um centro de receita, tentam vender os seus projetos como parte das suas tarefas e não como responsabilidades que afetarão diretamente os resultados do negócio.

Você se arrisca a entender a causa deste "desprestígio". Você conhece o negócio? As suas proposições de valor conversam com os fatores críticos de sucesso da Organização? Qual o momento da empresa? E por que nos momentos mais importantes – que são os mais difíceis – temos o pior desempenho? Por que ainda nos veem como reativos?

Talvez porque não aprendemos a pensar o negócio e tomar as decisões cabíveis. Não são as empresas que falham; são as pessoas que falham. E falham, pois não fazem o que é essencialmente importante para se tornarem bem-sucedidas. Aprenda a enxergar coisas antes que a situação fuja do seu controle. Deixe o ego em casa e seja mais curioso. Tenha interesse pelo desconhecido.

Use a sua razão e a sua intuição para desvendar a causa dos sintomas que emergem. Estimule pessoas a fazerem o mesmo. Seja inconformado e espere mais de você. O sucesso da área de RH exige mais do que uma boa ideia. Exigirá solidez nos resultados.

Ram Charan, eleito o melhor professor da Universidade de Northwestern e conselheiro de presidentes e executivos de empresas como GE, Ford e Dupont, diz que todo negócio é igual por dentro e resume-se em caixa, margem, velocidade, crescimento e clientes, e que tudo emana desse núcleo. Afirma que se o negócio apresentar dificuldades em um ou mais desses componentes, e você fizer os ajustes, estará pensando e agindo como uma pessoa de negócios.

Capítulo 4: Seja Crível e Melhore os seus Argumentos Decisivos   49

Os profissionais de RH podem ainda não ter se dado conta, mas têm forte participação na geração de resultados econômicos para a empresa e no resultado social para o indivíduo. E se não dominarem a linguagem dos negócios, provavelmente ficarão à margem.

"Se você não pode medir, você não pode gerenciar."

Peter Drucker

Para oferecer uma nova contribuição, você terá que se preparar novamente. O aumento da sua eficiência exige mudança de pensamento e uma boa dose de energia para aprender coisas novas, que terão relação com o sucesso do negócio e, então, a expansão do seu raio de atuação, transformando o RH em área geradora de receita e resultados.

O momento nunca foi tão promissor. Se uma empresa cresce com pessoas, se a alta direção diz que a primeira coisa que você deve entender é que uma empresa existe para ser lucrativa, provavelmente a vida está oferecendo a você a oportunidade de, definitivamente, realizar essa conexão.

CREIO QUE. AGORA. VALE AFIAR O MACHADO.

1. Quais as metas essencialmente importantes da sua empresa?

   ATÉ três metas para que o foco seja mantido e cresçam, substancialmente, as chances de êxito.

   _____

   _____

   _____

   _____

   _____

2. Quais as três metas essencialmente importantes da sua área.

   *** Conecte-as aos objetivos estratégicos. Seja ambicioso e prudente. Comece por algo que seja relevante e envolva a alta direção nessa definição. Entre todas as coisas que pode fazer, qual será mais valorizada no momento vivido? Para todas as demais, a sua dedicação de cinco, sete ou dez anos trará espaço para muitas outras realizações.

   _____

   _____

   _____

   _____

   _____

   *** Uma meta carece de um verbo, de uma medida, de um ponto de partida e um ponto de chegada e um prazo. Do contrário, não passará de um plano de intenção.

   Ações que melhoram os seus argumentos decisivos:

Capítulo 4: Seja Crível e Melhore os seus Argumentos Decisivos

Práticas	Alguns benefícios
Avaliação de Desempenho com Foco em Competências	Possibilita aos gerentes mobilizar a energia de seu pessoal para o cumprimento de metas estratégicas; direciona a atenção para a missão, visão e valores, identifica necessidades de desenvolvimento e ainda oferece as respostas que todos desejam: estou me saindo bem? Tenho futuro? Justifica promoções. Justifica demissões.
Desenvolvimento das Lideranças em um Programa de Educação Continuada	Possibilita a melhoria nas relações interpessoais em todos os níveis; reduz *turnover* e absenteísmo, melhora a autoconfiança, forma sucessores, aumenta a produtividade; reduz custos; atua diretamente na satisfação do cliente.
Gestão do Clima	Permite trabalhar com medidas de direção, reduz *turnover* e absenteísmo e melhora a lucratividade.
Remuneração Estratégica	Enaltece o sentimento de justiça e equidade interna; reduz *turnover* e absenteísmo; gera sentimento de importância e visão de futuro.
Espaço para você pensar e agir	

3. Comemore resultados.

*** Todos nasceram para vencer! Estar no caminho certo inspira as pessoas a oferecerem o seu melhor todos os dias. Demonstre entusiasmo, mesmo que as dificuldades surjam. Se você não acreditar, as pessoas desistirão. Surpreenda. Diversifique. Inove. Celebre sem "gastar dinheiro". Faça uso de recompensas que passaram por reengenharia.

Coloque abaixo as suas ideias de celebração.

_____

_____

_____

_____

_____

Capítulo 4: Seja Crível e Melhore os seus Argumentos Decisivos 53

Agora, plano de ação. Por um RH sem *gaps* de execução!

O que deixarei de fazer?

_____

_____

_____

O que começarei a fazer?

_____

_____

_____

Como farei o que estou me propondo fazer e até quando?

_____

_____

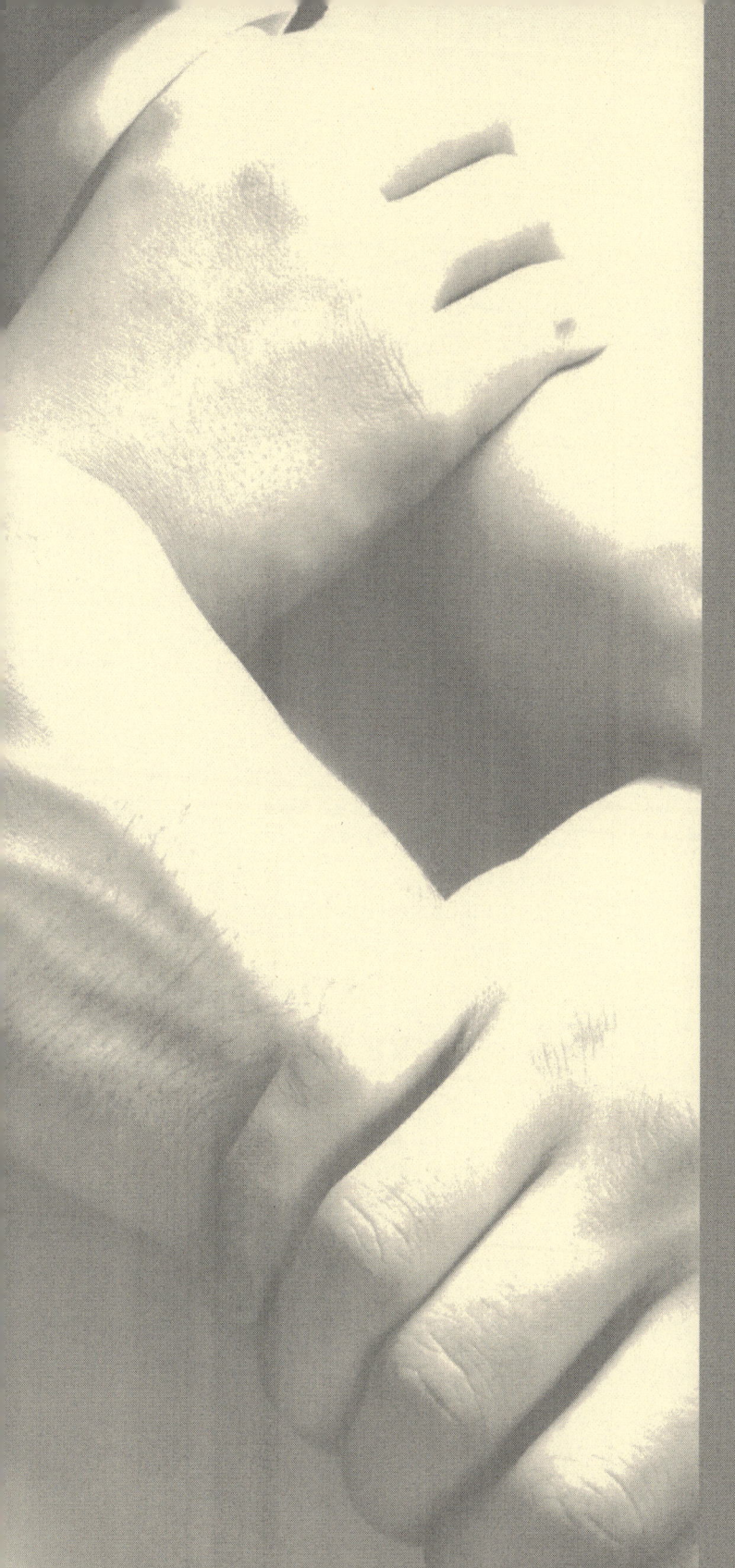

Capítulo 5
Insight 3

Crie uma Cultura Pautada em Valores

"A área de Gestão de Pessoas demonstra a necessidade de estar totalmente alinhada com as estratégias do negócio e, para tanto, entendo ser mandatório que a gestão dos nossos talentos alimente a organização acerca das tendências e capacidades na Gestão de Pessoas, viabilizando o atingimento dos objetivos da companhia e dos anseios de seus colaboradores. Isso porque não se pode dissociar o alinhamento dos valores da empresa e dos de seus colaboradores. Dessa forma, estaremos garantindo que o Planejamento Estratégico da empresa tenha como perspectiva as pessoas, um dos alicerces de sua motivação.

É fundamental que seja mantida a **harmonia** entre todos os colaboradores, fazendo com que todos sejam **humildes** dentro de uma filosofia existencial, como: **"não importa onde você esteja, desde que nunca se esqueça de onde veio"** e **"nunca queira ser o que você já é"**.

Valorização dos talentos é fundamental para qualquer atividade corporativa no século XXI."

Aristeu Batista
Presidente do Grupo Print Laser - São Paulo/SP

"Inicialmente, o RH deve **espelhar o espírito do negócio**, ou seja, **ter como premissa**, em todas as suas iniciativas, o **propósito da Empresa**. Tal premissa frequentemente está expressa na Missão, Visão e Valores da organização."

Osvaldo Cervi
Presidente da IBI Promotora - São Paulo/SP

Capítulo 5: Crie uma Cultura Pautada em Valores 57

Tem sido expressiva a preocupação de empresários e executivos com a motivação de suas equipes. Sinais dos novos tempos.

No entanto, muitos elementos antes compreendidos como motivadores hoje precisam ganhar doses de inovação, pois já não mobilizam pessoas na busca de resultados sustentáveis.

Vamos entender a motivação humana como um universo. A primeira compreensão é identificar, nesse universo, qual lacuna é merecedora de atenção. Do contrário, ações aparentemente positivas podem ser transformadas em custo sem retorno, o que, nos dias atuais, seria, no mínimo, uma imprudência.

Normalmente, ao explorarem as necessidades e anseios, gestores atrelam a motivação ao comprometimento e comprometimento a um sentimento de propriedade. E, explorando um pouco mais, o sentimento de propriedade à proatividade, e por fim, a proatividade ao fazer rápido.

Muito bem, de frente para o engodo. Aqui começa a tragicomédia do homem: o mito e a versão simplificada nas organizações de que ser proativo é fazer rápido e de preferência do jeito certo – sendo o certo o jeito do chefe. Então, entendemos porque os colaboradores não se sentem responsáveis pelos resultados da organização.

Respeitando as particularidades de cada corporação e sem querer transformar exceções em regras, a minha experiência aponta para algumas verdades universais, e é sobre elas que estou me propondo a discorrer.

A PERCEPÇÃO DOS LIDERADOS

RH
Aqui estão as nossas maiores insatisfações

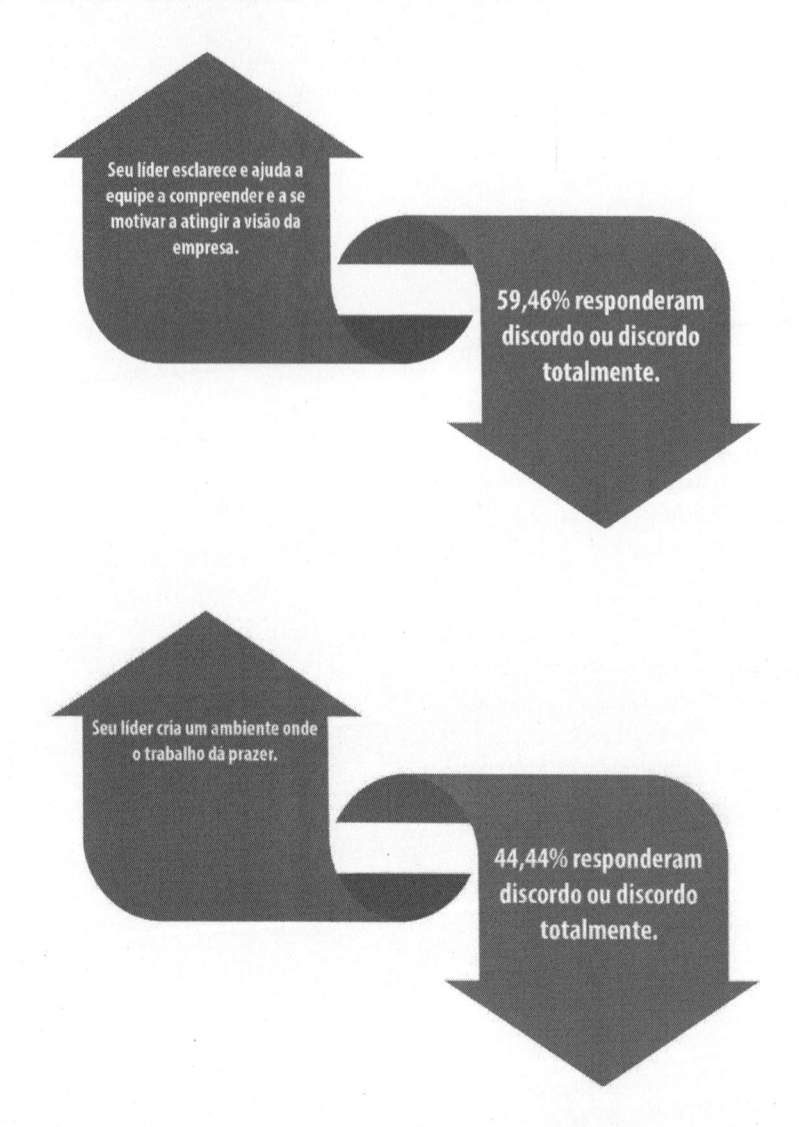

Seu líder esclarece e ajuda a equipe a compreender e a se motivar a atingir a visão da empresa.

59,46% responderam discordo ou discordo totalmente.

Seu líder cria um ambiente onde o trabalho dá prazer.

44,44% responderam discordo ou discordo totalmente.

Equipes se tornam motivadas quando há uma clara conexão emocional entre objetivos pessoais e objetivos organizacionais. Como você quer engajar pessoas se não sabe se elas são engajáveis? Por quanto tempo e a qual preço?

Joguemos por terra o estigma de que pessoas não gostam de mudanças. O que as pessoas não esperam é serem forçadas a mudar.

Capítulo 5: Crie uma Cultura Pautada em Valores

Primeira condição para manter equipes motivadas: tenha as pessoas certas nos lugares certos. Pessoas desencaixadas são sempre um perde-perde em longo prazo. Vamos parar de fazer experiências com gente. Além de, desnecessariamente, submeter um bom especialista a um nível de incompetência, promovendo-o a cargos de liderança, você se frustrará ao enxergar a sua decisão minando potencialidade humana e afetando diretamente o negócio. Pense mais no longo prazo.

Outro elemento importante de discussão é a ilusão de que as pessoas sabem o que se espera delas, em quais desafios estão envolvidas e qual a sua contribuição. Talvez saibam, talvez não. Depende de quem disse, como disse e como exemplificou isso com as condutas no dia a dia e se conseguiu estabelecer uma conexão emocional entre desafios e objetivos pessoais.

Se as pessoas não tiverem um motivo para viver, elas estarão à míngua, porque a eficiência, a sabedoria e os talentos delas serão inúteis a não ser que a equipe tenha a clareza sobre o porquê, o quê, e como é a empresa.

A decisão de sermos bem-sucedidos antecede a ação. Isso é tão real que quase a totalidade das empresas tem Missão, Visão e Valores expostos em locais visíveis.

Tristemente, muitas ainda não descobriram o valor deste núcleo imutável. Quadros são expostos em paredes com mensagens bonitas, como se fossem apenas frases de efeito moral. Mas quando não são transformadas em comportamentos observáveis, quando o seu alinhamento com metas e responsabilidades diárias não for constante, mas sim usado como lema ou bandeira cravada no peito, terão efeitos contrários e permitirão que o mal impere. Afinal, líderes inspiram ação.

Ah! Se soubéssemos o que sabemos agora!

Portanto, a mais nobre e essencial condição para manter equipes motivadas é criar uma visão de empresa que conecte as áreas interdependentes com o cliente, uma declaração clara e envolvente para despertar compromissos e a paixão por tornar a empresa exitosa. Sem visão, a equipe não tem razão para existir.

Eu sempre me surpreendo ao ver as pessoas oferecendo os seus melhores esforços e aprendi que não existe força mais estimulante do que elas juntas: a Missão, a Visão e os Valores de uma Organização. É ter uma identidade; um lugar aonde queremos chegar – ou manter – e os comportamentos incorruptíveis que se farão presentes na alegria ou na tristeza, na saúde ou doença, no sucesso ou na adversidade, nas glórias ou dificuldades.

Se a MVV da sua empresa não deflagra com clareza a sua identidade, se a visão não tem uma data de chegada e se os valores são tratados como competências que admitem *gaps* comportamentais, talvez este seja o momento de uma revitalização.

Revitalizar a MVV parece ser uma ação pouco valorizada nas empresas. Diante de tantas outras "mais urgentes", deixa-se de lado o essencialmente importante. Isso demonstra o porquê de os enunciados não serem efetivos: eles carecem de significado e da força que moverá pessoas a trabalharem bem em equipe para que juntas – eu disse JUNTAS – alcancem objetivos. Ela, a MVV, é o que fundamenta a nossa forma de fazer negócio.

> "Poucas companhias têm uma ideia clara do que é a sua missão e esta é uma das principais causas de seus piores erros... Os gerentes não têm um conceito daquilo no qual a companhia é realmente boa e nem daquilo para que não serve."
>
> *Peter Drucker*

Você pode achar estranho, mas muitas empresas não sabem exatamente "quem são". Quando o momento é promissor, quando os números demonstram crescimento e a saúde financeira é evidenciada, vangloriam-se dos resultados, egos inflam e pessoas se acham capazes

Capítulo 5: Crie uma Cultura Pautada em Valores   61

de fazer coisas que não nasceram para fazer; não percebem que uma nova frente de negócio precisa ser vista como investimento de longo prazo, até que amadureça e dê frutos. Relações se rompem, a frustração aumenta e buscam-se culpados. Ah, sim! Certamente alguém será responsabilizado. É a vida que poderia ter sido, e não foi.

Missão tem o principal objetivo de tornar comuns aspirações, inspirações e transpirações. Ela comunica uma mensagem forte e profunda da nossa razão de ser, daquilo que sabemos fazer (onde somos realmente bons) e o que agregamos para a sociedade, para os clientes.

Vou contemplá-los com alguns exemplos:

Missão	Missão
Fazer as pessoas felizes. — The Walt Disney Company	Reunir todas as informações do mundo em um único lugar. — Google
Interpretar as Práticas de Gestão de Pessoas e Estratégia Empresarial, transformando-as em soluções inovadoras e acessíveis às empresas, considerando as necessidades e resultados esperados pelo cliente. — Leme Consultoria	Desenvolver o negócio papel com diferenciação pela tecnologia, excelência operacional e competitividade, valorizando os profissionais e respeitando o meio ambiente. — Oji Papéis Especiais
Promover Bem Estar e Qualidade de Vida — Sanavita	A missão de sua empresa — ?

Qual é a Missão da sua empresa?

_____

_____

_____

_____

Todas comunicam a razão de ser, o porquê de existirem, o que sabem fazer muito bem. Definem a sua esfera de atividade sem engessar novas possibilidades e envolvem pessoas, clientes (a quem todos os esforços estão sendo direcionados) e resultados (implícita ou explicitamente).

É a aprendizagem na ação; incita o fazer acontecer, atitudes que agregam valor econômico à organização e valor social aos indivíduos. É a criação de um ambiente onde as pessoas não precisem ser controladas; um ambiente onde as pessoas queiram estar, não por obrigação, mas por uma razão, um propósito. Um lugar onde as pessoas queiram realizar em vez de sentirem-se obrigadas a entregar.

Se não sabe para onde vai,
Só lhe resta rezar!

Capítulo 5: Crie uma Cultura Pautada em Valores   63

Visão traz significado, cria uma autoridade moral visionária, permite engajamento (vamos construir o futuro que desejamos como pessoas e sociedade!) e fortalece o espírito de equipe naquilo que vamos atingir JUNTOS! É a melhor forma de fazer a equipe entregar as suas mentes verdadeiramente, porque gera sentimento de pertencimento, de importância, de ser útil e contributivo e de estar crescendo. É a alimentação e o cuidado no aqui e agora oferecidos ao futuro que almejamos.

Visão	Visão
Ser a Harvard do Oeste.	Ser a número 1 ou a número 2 em todos os mercados nos quais operamos e revolucionar esta companhia para que tenha a agilidade e a rapidez de uma empresa pequena.
Visão — Tecnologia 3M impulsionando cada empresa, produtos 3M melhorando cada lar, inovações 3M facilitando a vida de cada pessoa.	**Visão** — Ser uma universidade vocacionada para a saúde, referência nacional e internacional, com excelência no ensino, pesquisa, extensão e consultoria. Ampliar e divulgar as produções tecnológicas e científicas. Expandir e intensificar as parcerias interinstitucionais.
Visão — Ser referência nacional em Gestão de Pessoas com Foco em Competências e Estratégia Empresarial, agregando valor ao cliente por meio dos nossos diferenciais competitivos. Expandir a atuação no mercado nacional levando à entrada dos nossos produtos e serviços no mercado internacional por meio das empresas sediadas no Brasil, fortalecendo a marca e gerando rentabilidade para nossa empresa.	**Visão** — A Visão da sua empresa.

Vejamos alguns exemplos:

Qual é a Visão da sua empresa?

_____

_____

_____

_____

_____

Observe que a visão incita pessoas a exporem a sua forma de pensar, a abdicarem de perspectivas arraigadas, favorece a abertura para o diálogo e a abertura para o novo, e, claro, a franqueza necessária para que as falhas sejam tratadas como oportunidades de melhorias. O abraço a uma causa.

Cada vez mais o sucesso do negócio depende disso.

E os valores? São essenciais ou secundários?

Se forem declarados para "inglês ver" ou para meramente serem apresentados aos auditores de certificação, é infinitamente menos prejudicial deixá-los adormecidos. Esconda os quadros. Retire-os do seu programa de integração. Não fale do que não acontece. Simples assim!

As penalidades podem ser – e normalmente são – terríveis.

Você consegue conviver com alguém em quem não confia? Com alguém meio honesto, mais ou menos ético, às vezes – mas só às vezes – mentiroso, falso, desleal e mal-intencionado? Em valores, ou você é ou não é, não tem meio termo.

Há duas definições que muito me encantam sobre valores. Uma vem de Carl Albrecht: ele diz que valores "são aprendizados estratégicos relativamente estáveis no tempo de tal modo que uma forma de agir seja melhor que a sua forma oposta para que os objetivos sejam alcançados" ou, dizendo em outras palavras, "conseguir que as coisas terminem bem".

Capítulo 5: Crie uma Cultura Pautada em Valores

Alguns exemplos, apenas para ilustrar:

Se qualidade é um valor da sua empresa, todos estão atuando em prol da qualidade em oposição ao desperdício.

Se a honestidade é um valor da sua empresa, todos DEVEM ser honestos se opondo a condutas fraudulentas SEMPRE.

Se o espírito de cooperação é um valor da sua empresa, individualismos não serão permitidos.

Simples, não? Deveria, mas não é bem assim!

Este próximo conceito eu captei em uma palestra proferida por Luiz Carlos Cabrera que, por coincidência, também assistiu a uma palestra e trouxe seus aprendizados para o público que o esperava. Cabrera diz que valores são "o eixo da cultura e mostram a maneira como você lida com a vida e faz os seus julgamentos". Valores, para que sejam considerados valores, têm que ter operacionalização; têm que ter histórias – com H – que os confirmem; histórias reais contadas por pessoas reais, histórias transmitidas de geração para geração. Exatamente como educamos nossos filhos, até que, em um determinado momento, os valores são materializados por eles e temos a certeza de que cumprimos a nossa missão, de forma que possam caminhar sozinhos. Você, pai ou mãe, são os exemplos de conduta.

Ora, se você deseja que seu filho seja honesto, você deve ser honesto em todos os sentidos. "Recompensas" para conseguir coisas mais rapidamente, fingir que não viu a "batidinha", a "encostadinha" do seu carro em outro quando saía do shopping – afinal, bobagem, não aconteceu quase nada e o proprietário nem estava lá –, tirar vantagem colocando aparelho de TV a cabo pirata para baratear a conta e ter acesso a todos os canais, não devolver um troco errado a um balconista, sonegar impostos, enfim, você está sendo observado a todo o momento. Se a honestidade não for um valor, se você não tiver histórias para contar, talvez não seja um valor e sim uma crença. E quem sabe, ainda, conclua que não é um valor e ponto, porque as suas conquistas assim se deram e você não está disposto a mudar. Ok, respeito! Apenas não chame a atenção do seu filho por algo que você não tem moral para dizer.

Faça, diga o que fez e por que fez. Esse trabalho de alinhamento e introjeção dos valores familiares – os quais acredito serem fundamentais para a vida – nunca termina.

Fica aqui demonstrado que o que destrói os valores de uma empresa, de uma família e de uma nação é a falta de ação. Discursos sem valor, valores corruptíveis, tempo perdido, vidas despedaçadas, esperanças esfaceladas.

Seus líderes estão preparados para isso? Os valores são reais, incorruptíveis e perenes ao tempo?

Então pense no que acontece na sua empresa quando um profissional que apresenta resultados "extraordinários" está tendo condutas contrárias ao que a sua empresa declara como valor: algo será feito ou os olhos serão fechados? Se há uma premissa de valor, todos os indivíduos precisam descrevê-la como existente. Algo em que as pessoas possam acreditar com realismo.

Missão, Visão e Valores criam vínculos e todos lutarão por você, por uma causa, por um propósito. Forte e nobre demais para mantê-los adormecidos.

É impossível alcançar bons resultados se você não unir uma coisa à outra.

Veja o exemplo fictício abaixo:

Imagine-se como detentor de um conhecimento e de uma metodologia de trabalho. Você se dedicou muito a essa construção e o seu trabalho tem tido um bom êxito no mercado. Como a patente no país em que vive é morosa e, para alguns produtos, é quase impossível obter a propriedade intelectual, sua vida continua seguindo. Esse seu trabalho passa a ser admirado – hipoteticamente – por uma grande indústria. Nessa altura, a empresa conta com 800 colaboradores, mas tem uma pretensão ousada de crescimento com a inauguração de novas plantas e a incorporação da cadeia de valor em um mesmo CNPJ. Tudo para um ataque de mestre à concorrência. Você foi escolhido como fornecedor para ajudá-la em algumas frentes de desenvolvimento com as competências que tem. Anos de dedicação inconteste, os números apontando favoritismo, indicadores demonstrando o retorno que o seu trabalho está propiciando. Reuniões com a presença da diretoria enaltecem os feitos quando, não mais que de repente, a companhia entra em crise. Uma má administração ou passos largos demais para pernas ainda imaturas paralisam o seu trabalho e há uma ruptura de contrato. A parceria é interrompida com todo o seu time no campo. Bom, você diz, ossos do ofício. Nada de choro ou velas. A vida sofre percalços e você torce pelo restabelecimento da empresa que acre-

Capítulo 5: Crie uma Cultura Pautada em Valores 67

dita ter ajudado a crescer. Ao mesmo tempo, as pessoas que conheceu e criou vínculos continuam procurando por você. E vem à tona a informação de que o seu trabalho está sendo realizado internamente. Na verdade, você já suspeitava, mas preferiu não acreditar, já que dois dos valores da empresa eram, nada mais nada menos, que RESPEITO e INTEGRIDADE. Na sua inocência de achar que as pessoas são sérias nos seus princípios, promoveu um almoço com o responsável da área contratante. Este pede desculpas e diz que não teve escolha: era o seu pescoço ou o dele, e ele fez a sua opção. Os colaboradores que o contatavam buscando explicações sobre a sua ausência perguntam se você agora sentiu na pele o que os agride internamente.

Você decide o final: O que você faria, como profissional de RH?

- [ ] Nada. Deus se incumbirá.
- [ ] Marcaria uma reunião com o diretor e colocaria a situação, acreditando que ele não é conivente com essa atitude.
- [ ] Retiraria do seu portfólio o nome dessa empresa; afinal, quem deseja que o seu nome esteja associado a ela?
- [ ] Outra decisão mais plausível: _____

É... Sonhos despedaçados, equipes divididas, moral baixa, pessoas desmotivadas, temerosas em relação ao futuro, objetivos embolados. Falar de valores em épocas de vacas gordas não é um desafio. Mas o quanto uma organização está preparada para se manter firme e inquebrantável nos seus propósitos quando a natureza não conspira a seu favor?

O que eu diria aos executivos da empresa? Ou se mantém a visão e os valores vivos ou é melhor deixar a liderança para outra pessoa. Deixe de ser indigno de confiança ou matará as chances da sua empresa se sustentar. Esforço coletivo, lealdade e a vontade de ultrapassar dificuldades apenas ocorrem quando as regras de conduta socialmente aceitáveis e pregadas são honestas e perenes. Valores geram riquezas. Do contrário, será bem difícil manter a cabeça erguida.

Um dia, todos nós passaremos o bastão.

Como as pessoas se referirão a você, quando aí não mais estiver?

"Quando você vê um negócio bem-sucedido é porque alguém, algum dia, tomou uma decisão corajosa."

Peter Drucker

Saber e não fazer é, na verdade, não saber.

Anote os seus insights e transforme a sua empresa em um local onde você tenha orgulho de trabalhar.

_____

_____

_____

_____

Capítulo 5: Crie uma Cultura Pautada em Valores 69

O que deixarei de fazer?

O que começarei a fazer?

Como farei o que estou me propondo fazer e até quando?

Capítulo 6
Insight 4

Reduza o Medo e Estimule a Comunicação

*E*mpresas prezam pelo trabalho em equipe. Aproveitam todas as circunstâncias para expor às pessoas a importância da contribuição de cada uma no todo. Recomendam o diálogo, a participação, o envolvimento e o compartilhamento de ideias. Exaltam a importância das opiniões, da iniciativa, da autonomia, do fazer diferente, do inconformismo e da proatividade. Na realidade, empresas têm consciência de que bons resultados resultam de cérebros pensantes. Talvez se esqueçam de averiguar os sinais de desvitalização dentro de suas companhias, as crenças inibidoras e a comunicação favorecedora da baixa performance.

Lidar com pessoas inteligentes só é percebido como uma vantagem por aqueles que são inteligentes. É muito mais "fácil" liderar sob o modelo do paradigma do controle: homens trabalhando em partes minúsculas de um processo sem a visão do produto final, orientados por chefes com autoridade formal e com poder de decisão unilateral.

Capítulo 6: Reduza o Medo e Estimule a Comunicação   73

Em pleno século XXI, ainda presenciamos essa conduta nas empresas: a incapacidade de tratar o ser humano como adulto, omitindo informações que lhe dizem respeito; tratando o homem como alguém desprezível, substituível e punível, e observando de camarote os sintomas de apatia, raiva e medo eclodirem e todas as consequências imagináveis, inimagináveis e imensuráveis de seus próprios atos impensados.

Pessoas inteligentes são inteligentes, e por isso são naturalmente mais críticas e querem fazer parte da decisão. Fazem coisas nas quais acreditam, não porque lhes mandaram. Exigem atenção, desafios e querem saber se estão indo bem, querem feedbacks.

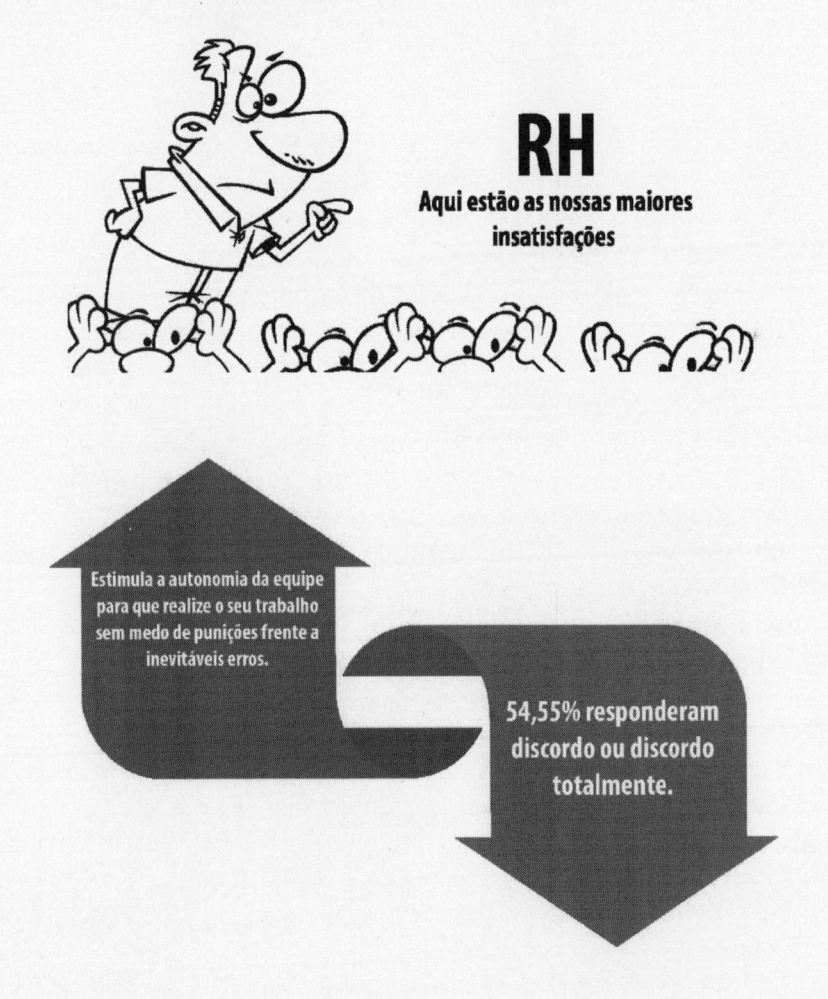

RH
Aqui estão as nossas maiores insatisfações

Estimula a autonomia da equipe para que realize o seu trabalho sem medo de punições frente a inevitáveis erros.

54,55% responderam discordo ou discordo totalmente.

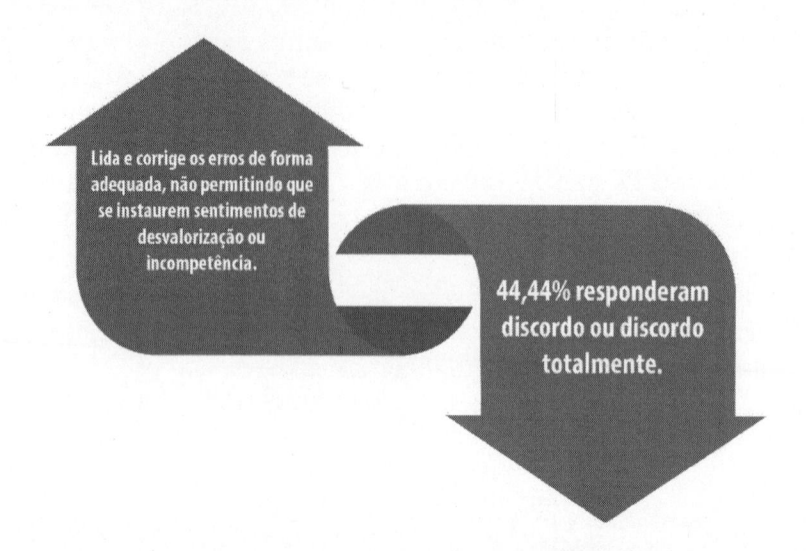

> Lida e corrige os erros de forma adequada, não permitindo que se instaurem sentimentos de desvalorização ou incompetência.
>
> 44,44% responderam discordo ou discordo totalmente.

Em um cenário onde o pensar e o fazer pensado nunca foram tão importantes, o medo me parece não ser o melhor sentimento. A coragem de dar opiniões e compartilhar ideias evaporam-se quando os indivíduos sentem medo.

As emoções com maior potencial de causar danos no ambiente de trabalho são a raiva e o medo. Primeiro porque o cérebro não distingue pensamentos reais dos imaginados e nos coloca em estado de alerta para lutar, fugir ou paralisar. Em estado de alerta, as capacidades executivas são drasticamente afetadas.

Mas, de fato, somos criaturas emocionais. Compreenda que quando as pessoas não têm informações, elas não vislumbram um futuro promissor e temem o pior. Pensamentos geram sentimentos. Sentimentos geram ações.

A comunicação influencia diretamente na experiência que cada um tem e carrega do seu ambiente de trabalho. O cérebro não foi criado para lidar bem com espaços vazios. Se não há respostas, será dada uma que convença – nem sempre a resposta real, mas a que o momento sugerir. Uma cena é contada em várias versões. São histórias que mais se confundem com um filme de terror, fenômenos que nascem do topo da arquitetura e que assustam os profissionais como fantasmas. Ou serão fantasias? Ou ambas?

Capítulo 6: Reduza o Medo e Estimule a Comunicação

A capacidade do ser humano de dar vida a dados é absurdamente extraordinária – seria cômica, se não fosse trágica. Pessoas podem se comunicar mal tanto por usar erroneamente as boas intenções como também por potencializar as más. O ser humano é complexo. E há muitos líderes sem crachás nas organizações.

Entretanto – e acima de tudo – uma equipe lida com o conhecimento. As diferenças entre trabalho e aprendizado nunca se confundiram tanto como agora. Se apenas disséssemos o que tem de ser dito sem rodeios, as pessoas, talvez, não ficariam elucubrando sobre o nada.

Sim, todos nós sabemos que informação é poder. Mas quem será intitulado o "poderoso chefão", conhecedor da informação na sua organização? Informação é poder quando compartilhada, quando não tratamos as pessoas como crianças, assim como no passado, quando pais (pelo menos os mais antigos) pediam que os filhos se retirassem quando a conversa era de adulto.

Quando tudo vai bem, os colaboradores precisam saber. Quando tudo parece desmoronar, eles também precisam saber!

Com alguma frequência eu me deparo com executivos falando de coisas as quais eles intitulam confidenciais. São tantas as confidências que já pensei em recomendar a contratação de um padre e um confessionário!

O que pode ser confidencial em uma empresa? Pessoas serão demitidas? Ora, se são elas as principais interessadas em ter essa informação, uma demissão não deveria ser surpresa para ninguém. Presumo que feedbacks foram oferecidos e as respostas, por parte do colaborador, não foram satisfatórias. Um sinal de que todos estão infelizes: a empresa, o líder e a pessoa que demonstra que jamais vai dar certo no lugar errado; que não vai conseguir atender às necessidades da área porque não reúne as características de perfil para a função. Não é mais humano chegarem juntos a essa conclusão do que segurar anos a fio um profissional para que, aos 40 ou 50 anos, ele receba a fatídica notícia que está sendo desligado porque o seu perfil não se "encaixa"?

Não faz sentido pessoas serem desligadas sem sequer saberem o motivo. Como desejar que alguém possa se encontrar na vida e ser feliz em outro lugar sem informação para, então, ter a oportunidade de fazer escolhas mais certas? Todos temos potencial. Não desista das pessoas! Elas não são descartáveis.

Ainda sobre aqueles tais assuntos confidenciais: os números não estão bons, a receita caiu, as despesas não acompanham a queda, a situação está preta, a preocupação aumentou. Bem-vindo ao mundo dos negócios!

Você já ouviu falar que existe uma crise por aí? Tem a nítida confirmação de que não basta ter um bom produto, uma boa equipe e uma boa gestão? Às vezes somos surpreendidos pela volatilidade do mercado e tantas outras variáveis que só vivendo para saber. Ou melhor, só vivendo para aprender.

Mas não permita que o governo diga se você vai ser bem-sucedido ou não! Porque se você tiver uma boa equipe, um bom produto, uma boa gestão e todos no mesmo barco, será só uma "marolinha".

Isso é confidencial? E se eu disser a você que, a cada vez que a alta administração se reúne a portas fechadas, seus colaboradores temem pela decisão que pode estar sendo tomada? Seria mais razoável demonstrar os números e engajá-los nas conquistas. Muitos sabem o caminho das pedras, mas se posicionam como pilotos de avião aguardando o momento da orientação para a decolagem. Deixe-os voar com você! Conte com o engajamento da sua equipe e atravessará muito mais rapidamente a tormenta.

Em situações difíceis, as empresas podem, sim, chegar à conclusão de que é mais prudente cortar custos e despesas, e decidir que a folha de pagamento entre no grupo das ações de redução. Então, faço a pergunta que não quer calar: o(s) profissional(is) definido(s) para abandonar o barco seria(m) contratado(s) novamente por você?

Se a sua resposta for sim, seja franco com ele(s) no momento da separação e esteja preparado para a fatídica pergunta "mas por que eu"?

Se a sua resposta for não, por que esperar que a empresa entre em dificuldades para tomar uma decisão? Perdoe-me, mas dizer a um profissional, no momento da despedida, tudo o que você deveria ter dito a ele durante a sua trajetória e convívio apenas desgastará profundamente a sua imagem e minará a autoestima do empregado.

Agora, se a sua empresa está à venda, se pretende fazer uma aquisição e os acordos estão em negociação, um novo produto está nascendo e há a promessa de uma revolução, uma parceria estratégica que vai colocá-lo na dianteira no mercado, vá lá, abafe para não comprometer os resultados. Apenas não demore muito, pois os boatos, quando exter-

Capítulo 6: Reduza o Medo e Estimule a Comunicação

nalizados, costumam sair da própria organização. Como já afirmei anteriormente, todos somos invariavelmente observados por mais tempo do que pressupomos, e nem todos temos habilidades artísticas para teatralizar por muito tempo.

Acredito, ainda, que temos nos tornado impacientes demais com as pessoas. Ninguém chega pronto. Desenvolver competências é um processo. Dê mais chances às pessoas. O sucesso de cada membro da sua equipe é a demonstração do seu próprio sucesso.

A comunicação é a necessidade mais básica e vital para os seres humanos. Não só é condição da existência, como também a condição para a perpetuação de um negócio.

Um diálogo franco e constante evita:

- Perdas econômicas;
- Boatos e incertezas, que minam a confiança e o comprometimento;
- Perda de produtividade;
- Perda de talentos por não se falar sobre futuro;
- Perda de oportunidades de melhoria contínua;
- Falta de conexão entre os objetivos pessoais e os objetivos da empresa;
- Visão estreita da função;

Leia abaixo um exemplo fictício:

MC ocupa um cargo de prestígio em uma multinacional. Chegou como a grande esperança da organização, uma operação "nervosa", detentora de clientes extremamente exigentes. O CEO da companhia viu a contratação de MC como a grande oportunidade de melhorar a operação e garantir a satisfação dos clientes, e principalmente de deixar as linhas prontas para os novos negócios que a empresa estava absorvendo. Os resultados, após a contratação de MC, demoraram a aparecer. O relacionamento com a equipe estava desgastado, a pressão por resultados beirava o insuportável e MC não apresentava comportamentos satisfatórios perante os seus pares. A situação tornou-se ainda mais crítica quando diretores globais visitaram a unidade e declararam que a permanência de

MC era dúvida. MC viu-se sozinho. Esperava um pronunciamento de seu superior imediato, o que não ocorreu.

Foi recomendado que MC passasse por um processo de coaching para aprender a lidar com a pressão sem desencadear comportamentos nocivos. O trabalho teve início com um assessment para gerar autoconsciência e compatibilizar o perfil ao cargo com as expectativas do presidente. Envolveu ainda um diagnóstico com a participação de sua equipe direta.

Os resultados do assessment não apresentavam qualquer afinidade com os feedbacks 360 que recebeu. Perfil e motivadores enalteciam características fortes para um bom relacionamento. Equipe, pares e o superior o viam como tirano, irônico e descontrolado emocionalmente.

E MC sofria a dor do distanciamento do superior, o não envolvimento na tomada de decisão e a lembrança de um chefe que se absteve no momento em que ele mais esperava um apoio.

MC reconheceu o impacto destrutivo dos seus comportamentos, institucionalizou reuniões diárias de metas com a equipe, aproximou-se das pessoas e pôde exercitar a humildade. Os resultados começaram a aparecer e surpreenderam.

Mesmo assim, MC não conseguiu livrar a memória da triste lembrança de não ter sido apoiado pelo chefe, do sentimento de não se sentir importante e ouvido nas tomadas de decisão e a certeza de que poderia ser responsabilizado e penalizado se, em algum momento, os resultados não estivessem de acordo com as expectativas.

Você decide o final. O que você faria, como profissional de RH?

☐	Ofereceria feedbacks que enaltecessem os novos comportamentos e condicionaria os bons resultados às mudanças comportamentais, estimulando a repetição.
☐	Sugeriria que o CEO da empresa conversasse francamente com MC e resgatasse a situação que o deixou magoado.
☐	Outra decisão mais plausível: _____

Capítulo 6: Reduza o Medo e Estimule a Comunicação 79

O clima emocional dentro de uma organização pode tanto ajudar como prejudicar seu desempenho. Medos surgem da inabilidade de fazer uso de uma comunicação clara e franca e de feedbacks assertivos que ajudem o outro a acertar e a crescer. Medos surgem da ausência de respostas, do silêncio, da falta de cuidado, de uma palavra que reacenda o fogo interior e inspire a retomada. Medo nasce de comportamentos hostis, agressivos, seja por palavras, por um olhar de descaso, e até o distanciamento do chefe pode ser percebido como uma punição.

O que alguém pensa sobre as intenções do outro afetará o desenrolar de um diálogo.

Uma pesquisa realizada por Christine Pearson e Christine Porath, publicada no livro *The Cost of Bad Behavior*, reuniu milhares de gestores e funcionários e retratou os efeitos da falta de cortesia no local de trabalho, comprovando que emoções negativas têm efeitos nefastos sobre o desempenho.

Depois de passarem por grosserias e hostilidades no trabalho:

Depois de passarem por grosserias e hostilidades no trabalho:

2/3 dos funcionários disseram que seu desempenho piorou.

Quatro em cada cinco passaram algum tempo de trabalho remoendo o incidente desagradável.

63% desperdiçaram tempo evitando o ofensor.

Mais de ¾ dos respondentes disseram que seu comprometimento com a empresa diminuiu.

12% pediram demissão por causa do tratamento recebido.

Como RH, precisamos urgentemente ajudar as nossas empresas a mudarem seus ambientes de trabalho, construindo uma sociedade melhor para se viver, com pessoas mais bem preparadas e inteligentes emocionalmente.

É possível, sim, cumprir metas transformando positivamente ambientes. Precisamos trabalhar de um jeito diferente, onde todos joguem pelas mesmas regras e se orgulhem de serem tratados como pessoas confiáveis. Confiança e respeito não podem morar ao lado!

Anote os seus insights e produza resultados excepcionais.

_____

_____

_____

Capítulo 6: Reduza o Medo e Estimule a Comunicação **81**

O que deixarei de fazer?

_____
_____
_____
_____

O que começarei a fazer?

_____
_____
_____

Como farei o que estou me propondo fazer e até quando?

_____
_____
_____
_____

Capítulo 7

Insight 5

Desenvolva as suas Lideranças e Preserve a Vida

Cheque a Realidade – Números nada Acalentadores

O Trabalho mata mais do que a AIDS
TRABALHO

O Brasil registra, por ano, 737 mil casos de doenças ou acidentes laborais, o que significa 2.020 vítimas por dia com consequências que vão desde o afastamento temporário até a morte. Os dados são da Organização Internacional do Trabalho (OIT) e do Anuário Estatístico da Previdência Social.

Quase 60% dos atestados de 2014 foram por depressão e ansiedade – dados da Gerência de Epidemiologia e Estatística em Saúde do Distrito Federal revelam que as condições de trabalho podem contribuir para doenças psiquiátricas.

O Brasil é o oitavo país com mais suicídios no mundo, aponta relatório da OMS – O Brasil perde por ano US$ 19 bilhões por absenteísmo, acidentes e enfermidades causadas pelo uso do álcool e outras drogas, segundo cálculos do Banco Interamericano do Desenvolvimento (BID).

O que faz com que você se mantenha vivo todos os dias? Trabalho é uma fonte importante de saúde ou doença.

Capítulo 7: Desenvolva as suas Lideranças e Preserve a Vida

Boas intervenções diminuem a distância entre o pensar e o agir, e ainda promovem a preservação do bem mais precioso que temos: a VIDA!

A vida deve ser vivida em sua plenitude. Vida onde a alegria e os sentimentos de bem-estar e de pertencimento são parte integrante do dia a dia. Viver e se sentir vivo, construindo a própria história e fazendo a diferença no mundo.

A influência que profissionais em cargos de chefia exercem sobre o bem-estar da equipe é infinitamente mais poderosa que o impacto das relações que nascem entre pares. As ausências de autocontrole das lideranças sobre as próprias emoções afloram sentimentos de medo/ansiedade, tristeza e raiva, que sugam a energia da equipe e impedem o surgimento de sentimentos saudáveis que remetem à autorrealização. Isso é frustrante! Isso é morte em vida! Mata gradativamente o homem e mina as possibilidades de sucesso de uma organização.

Uma empresa vence quando os seus colaboradores se sentem vencedores; quando sentem que o que fazem é realmente importante e enxergam os ganhos dos seus esforços no motor econômico da uma organização. Uma empresa obtém resultados sustentáveis quando pessoas se sentem responsáveis pelo negócio, conhecem e são reconhecidas pelo seu potencial criativo em um ambiente que lhes permite explorar a capacidade de criação e contribuir com ideias inovadoras. Os colaboradores têm permissão de "pecar pelo excesso", pois o ambiente não é conformista e os estimula a entregarem o seu melhor, atuando e participando com muito mais sugestões, propostas e melhorias. Eles – os colaboradores – percebem que não precisam temer o futuro, pois estão construindo-o no presente, entendendo com muita clareza onde estão e para onde devem ir. As pessoas entendem os motivos das escolhas, como também lhes é dada permissão para tomar decisões que afetem o seu trabalho e o trabalho de equipe, encontrando, assim, espaço para pensar junto à chefia e os decisores. Os resultados são sustentáveis quando o trabalho de cada membro da equipe é uma fonte estratégica de renovação e transformação organizacional.

Profissionais respeitados vivenciam saúde em todas as esferas, uma vez que as lideranças reforçam a autoestima e o autoconceito, o que desencadeia sentimentos de competência e valor.

Quando as pessoas são valorizadas na sua completude, voluntariamente oferecem os seus maiores esforços, e a energia do comprometimento e do engajamento eclodem. Do contrário, deixarão de se comprometer. Simples assim!

"O conceito moderno de gestão não permite mais a departamentalização e o foco único no resultado como forma de garantir o sucesso de uma organização, mas sim a ideia da sustentabilidade ampliada, ou seja, a garantia de que a empresa perdurará no mercado de forma a depender minimamente de recursos externos. Por essa razão, o RH deve ser cada vez mais o braço direito de um gestor e o responsável por garantir que essa sustentabilidade seja atingida em todas as áreas e em todos os níveis da corporação. Para isso, é necessário cada vez mais o alinhamento desses profissionais às demais áreas, o conhecimento profundo da estratégia e dos impactos que as decisões humanas terão no negócio como um todo. Cabe ao líder dar ao RH o mesmo peso que dá a todas as demais áreas e ditar a forma como a gestão sustentável será permeada na empresa, e cabe ao RH ser o *coach* de toda a liderança de forma a garantir que a execução da estratégia SEJA perfeita, que os talentos SEJAM mantidos e desenvolvidos e que o CEO não se DEIXE desviar do caminho correto. "

Luiz Totti
Vice-Presidente América do Sul e General Manager Brasil da ASK Chemicals – Sumaré/SP

Capítulo 7: Desenvolva as suas Lideranças e Preserve a Vida **87**

"O principal é um RH PSICOPEDAGÓGICO.

Entendo que esta é a principal função do RH: perceber, compreender, apoiar, orientar e EDUCAR as pessoas e a INSTITUIÇÃO; entendê-la como um organismo vivo que também adoece ou fica saudável dependendo de como construímos nossos objetivos, nossas metas e de como atuamos no dia a dia. Atuar não só no que diz respeito a treinamento. Ter como base conhecimentos psicológicos e pedagógicos para ajudar a instituição a compreender melhor as pessoas e a si mesma. Em resumo: eu espero um RH psicopedagógico estratégico."

Maria Luisa Carvalho Soliani
Diretora da Escola Bahiana de Medicina e Saúde Pública e Coordenadora Geral da Fundação Bahiana para Desenvolvimento das Ciências – Salvador/BA

"Atuar próximo às nossas lideranças, desenvolvê-las continuamente para que em conjunto possam manter os níveis de motivação sempre elevados. Construir uma estrutura interna que proporcione o crescimento necessário para a retenção dos talentos de nossa empresa."

Luiz Antônio Caporali
Diretor Geral da Diesel Line Cambuí – Hortolândia / SP

"Contribuir estrategicamente através da melhoria contínua dos processos de seleção e desenvolvimento das pessoas."

Junior Cabreira
Diretor Geral da Make-up Franchising

Quando as literaturas dos grandes gurus da administração apontam uma escassez de líderes sem precedentes, é natural que nos perguntemos: onde estão as causas do problema?

O fato é que estamos vivendo, sim, uma escassez de líderes, mas isso pode ser o estopim para que profissionais de recursos humanos tomem decisões consistentes e definitivas que afetem positivamente o ambiente de trabalho, a vida das pessoas e os resultados da organização.

Se a sua consciência está tranquila em relação aos cuidados que você oferece à empresa que representa e, mesmo assim, tem enfrentado dificuldades de atingir os objetivos, talvez a sua falha não esteja na atitude (no querer fazer) ou na técnica (os conhecimentos que têm), mas na dificuldade de fazer escolhas certeiras para ajudar as suas lideranças a evoluírem nos seus comportamentos e se tornarem efetivas na gestão de pessoas.

Gestão de Pessoas não é com o RH!

Cheque a realidade – Outras **notícias nada acalentadoras**

- Escassez de líderes é apontada como principal desafio das empresas – Pesquisa HSM
- Não existe conflito de gerações. O problema está na liderança! – Alexandre Prates – sócio-fundador do ICA (Instituto de Coaching Aplicado)
- [...] "Nas empresas, ainda predominam os chefes aos líderes (...) Ficamos surpresos ao tomar conhecimento da perda de verdadeiras fortunas destinadas a formar gerentes mais eficientes, mas que não conseguem formar líderes eficazes." [...]HSM / César Souza

Capítulo 7: Desenvolva as suas Lideranças e Preserve a Vida 89

CONVENÇA-SE PARA CONVENCER – O QUE FAZER?

"Nenhuma empresa é melhor do que o seu administrador permite."

Peter Drucker

Você já tem vários elementos para tomar decisões plausíveis que afetem diretamente os indicadores financeiros e não financeiros do negócio que lidera. Ao longo de cinco anos, tenho atuado junto às empresas de todos os portes desenvolvendo lideranças em todos os níveis. Sem querer minimizar ou generalizar as dificuldades, as expectativas que as organizações compartilham são muito parecidas: "que as lideranças estejam preparadas para desenvolver equipes autogerenciáveis e de alta performance – que formem sucessores – e que os resultados sejam atingidos com menos estresse em um ambiente desafiador e bem-humorado".

Todos querem que as suas lideranças desenvolvam competências comportamentais e técnicas de gestão, e que reconheçam as necessidades prementes de mudanças.

Acontece que os comportamentos apresentados pelas lideranças, hoje, também foram aprendidos um dia, e tenha certeza de que todos acreditam estar fazendo o seu melhor. A maior parte não tem sequer a noção do impacto que os seus comportamentos provocam no ambiente e na performance dos seus colaboradores. Como convencê-los de que existem outras e melhores formas de atuar, sem oferecer-lhes espaço e condições para reflexão, conexão, discussão? Sem que ganhem um ambiente legítimo de aprendizado para experimentarem, falharem, ajustarem planos, medirem sucesso e então, transformarem novos comportamentos em hábitos?

Equipes são construídas pela liderança e não pelo RH das empresas. Mas é o RH, na maior parte das vezes, quem escolhe o parceiro para desenvolver as lideranças. E como muitos ainda vivem o paradigma de fazer mais com menos, não é incomum fazerem escolhas equivocadas. Escolhas essas que até podem deixar os participantes momentaneamente "satisfeitos" – vide avaliação de reação –, porém não trazem resultados sustentáveis.

TREINAR NÃO É A MELHOR SOLUÇÃO!

Fazer a organização ganhar "dinheiro" ajudando as pessoas a mudarem o seu padrão mental para que realizem coisas de forma diferente e eficiente preocupando-se exclusivamente com o custo é um erro fatal! Profissionais de RH que sabem fazer a diferença no mundo corporativo têm a mente de empresários bem-sucedidos. Como ser respeitado como um líder pela alta administração sem ajudar os seus pares a resolverem os problemas que têm importância para a vida deles?

Capítulo 7: Desenvolva as suas Lideranças e Preserve a Vida 91

Seja um profissional de RH GENIAL, a começar pelas suas decisões.

Dou risada quando profissionais de RH me dizem que, ao abrirem uma proposta de um possível parceiro para o desenvolvimento de competências das suas lideranças, localizam – antes mesmo de analisar a proposta – O PREÇO. É assim que pensa um empresário? Quando ele vai realizar a aquisição de um equipamento / um maquinário, o diferencial da compra será o preço? Claro que não! Ele sabe os ganhos de qualidade, produtividade, eficácia, modernização, entre muitos outros, que terá. Isso se mede!

Quando a área comercial ou de marketing faz um evento de divulgação de um novo produto, uma convenção de vendas ou um workshop com clientes, está pensando em economias?

Obviamente cada um vai fazer o seu melhor com os recursos que tem. Mas farão o melhor!

Você pode ter muito sucesso ajudando os seus gestores a se tornarem Grandes Líderes! Ajude as pessoas e a sua organização a terem sucesso também. Há uma demanda reprimida que está precisando da sua ajuda. Não há nada mais fantástico do que mudar ou transformar vidas. Nada é mais excepcional do que ajudar as pessoas a resolverem seus problemas. Nada é mais prazeroso e enriquecedor do que ver líderes se transformarem em grandes líderes, construírem equipes e conquistarem resultados.

Desenvolva as suas pessoas para mostrar que elas são importantes. Desenvolva-as para educar, eduque-as para crescer. Não tem erro. Acredite!

O seu sucesso tem a ver com a sua essência. Se você não valorizar o seu trabalho, se não tiver a clareza dos problemas que irá resolver e os ganhos qualitativos e quantitativos que o seu projeto vai trazer, se sentirá um peso na estrutura, um centro de despesas! Tenho certeza de que os planos que você traçou para si são outros, e são bem diferentes.

Somos pagos para oferecer soluções que exterminem problemas desafiadores. Quanto custa para a sua empresa eliminar um problema? Qual o retorno sobre o investimento que terá no desenvolvimento humano?

Qual o custo do absenteísmo, do *turnover*, de desperdícios, greve, produtos fora da especificação e ações trabalhistas? Qual o custo da insatisfação de clientes ou cidadãos na marca organizacional? Mostre ao decisor que ele tem uma dor e que você sabe como curar.

As suas ideias serão aprovadas quando você for o primeiro a acreditar nelas. E quando aprovadas, faça por merecer! Faça acontecer! Amplie a sua forma de pensar e ganhará aliados. **Não desista no primeiro NÃO**; não leve isso a sério! Recue, melhore os seus argumentos decisivos, use a linguagem do negócio e coloque a sua motivação acima de qualquer objeção.

Assuma riscos publicamente quando estiver vendendo a sua ideia. Você precisa posicionar-se com muita confiança quanto à **SOLUÇÃO** que apresenta e que a sua proposta trará os melhores **RESULTADOS** com grande **ECONOMIA** de tempo, esforço e dinheiro. Você é detentor do conhecimento e deve fazer uso de argumentos que enalteçam o seu **DESEJO DE AJUDAR** pessoas e fazer organizações prosperarem, concomitante à sua **COMPETÊNCIA** de resolver. Como uma autoridade no assunto, compreende? Profissionais de sucesso sabem **VENDER** ideias e soluções de **QUALIDADE!**

Provavelmente é isso que você busca; é assim que deseja ser visto e percebido, não é mesmo? Volte aos depoimentos da alta administração! Você consegue enxergar que a **VISÃO QUE VEM DE CIMA** está em perfeita harmonia com os seus objetivos? Mostre que você tem algo muito valioso para ela. Aproprie-se do contexto, faça leitura de cenários. Em um ambiente onde a preocupação atormenta, quando alguém mostra a possibilidade de resolver um problema, você capta a atenção e ganha admiração.

Capítulo 7: Desenvolva as suas Lideranças e Preserve a Vida 93

PLANEJANDO O SUCESSO DO PROJETO – COMO E O QUÊ MEDIR?

"O planejamento não é uma tentativa de predizer o que vai acontecer. O planejamento é um instrumento para raciocinar agora sobre que trabalhos e ações serão necessários hoje para merecermos um futuro. O produto final do planejamento não é a informação: é sempre o trabalho."

Peter Drucker

A pergunta definitiva – Quais problemas você deseja ajudar a empresa e as lideranças a resolverem?

Quando tratar da capacitação das suas lideranças, lembre-se de que liderança é um universo! O que os seus líderes essencialmente precisam aprender e praticar para conseguir, por meio de suas equipes, que a empresa atinja a sua visão? Precisamos imprimir um pouco mais de inteligência nas nossas ações. Não temos dinheiro sobrando. Você ouviu falar que tem uma tal de crise por aí?

E se você fizer parte de um ambiente onde os recursos financeiros são abundantes para o desenvolvimento de pessoas, que bom! Mas por favor, invista direito. Deixe a sua marca de um RH verdadeiramente estratégico e não invista por investir. Não valorize seus esforços pela quantidade de horas X homem X sala de aula. Para honrar as suas promessas e comprovar o atingimento de metas, não basta mostrar o que fez. Isso é irrelevante. Defina os indicadores de sucesso do projeto, conecte-os com alguns indicadores financeiros e gerencie os resultados.

Os problemas que você deseja resolver lhe darão os parâmetros para definir as medidas de sucesso: tanto as históricas (como está a situação hoje), como as de direção (como estará a situação ao término do ciclo de desenvolvimento).

Decisões importantes precisam ser tomadas: uma diz respeito à metodologia do trabalho; outra, ao aprendizado propriamente dito – técnicas e ferramentas para esses líderes içarem e praticarem.

Parece que todos nós temos nos questionado sobre quais ações, práticas e processos são capazes de redundar na grandeza organizacional, seja com a obtenção de um desempenho superior, seja na fidelização dos nossos clientes, seja com o comprometimento singular das nossas pessoas e das nossas equipes.

Então vamos lá:

Já sabemos que um treinamento de curta duração provavelmente não será suficiente para dar ritmo à organização. Precisamos garantir a transferência do aprendizado para o ambiente de trabalho. Estamos juntos?

Os participantes precisam sentir-se encorajados e desafiados a aplicarem novos padrões de conduta, a adotarem uma postura vitoriosa que contagie a equipe com um discurso plenamente alinhado à Missão, Visão e aos desafios e metas de resultados. Somos competidores por natureza. Vamos canalizar a energia coletiva que advém do desejo natural de vencer – toda mudança começa por dentro – para afetar verdadeiramente a experiência do cliente ou cidadão-usuário na ponta.

Capítulo 7: Desenvolva as suas Lideranças e Preserve a Vida 95

DIFERENCIAL METODOLÓGICO

(Diagrama: APRENDIZAGEM NA AÇÃO — DESAFIO À BUSCA POR SOLUÇÕES / APOIO E ENCORAJAMENTO / ESTÍMULO À REFLEXÃO → Transferência imediata do aprendizado ao ambiente de trabalho → ATITUDES QUE AGREGAM VALOR ECONÔMICO ÀS EMPRESAS E VALOR SOCIAL AO INDIVÍDUO)

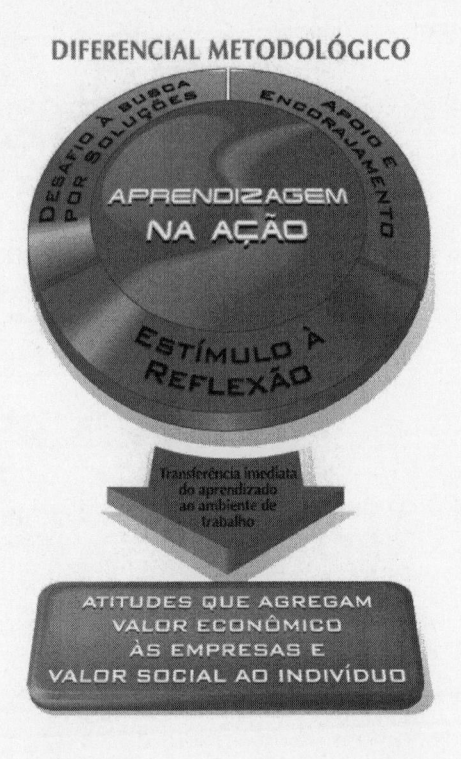

Estamos acordando, então, que o melhor a fazer é desenhar um projeto de educação continuada voltado ao desenvolvimento das lideranças, com uma metodologia que estimule a reflexão, desafie os líderes a buscar soluções, ao mesmo tempo em que os apoie e encoraje a transferir o conhecimento para o dia a dia.

Em suma, já construímos o raciocínio de que o projeto terá alguns encontros, cada um deles visando desenvolver determinadas e essenciais competências com uma tarefa extrassala a ser executada com a equipe e feedback do facilitador.

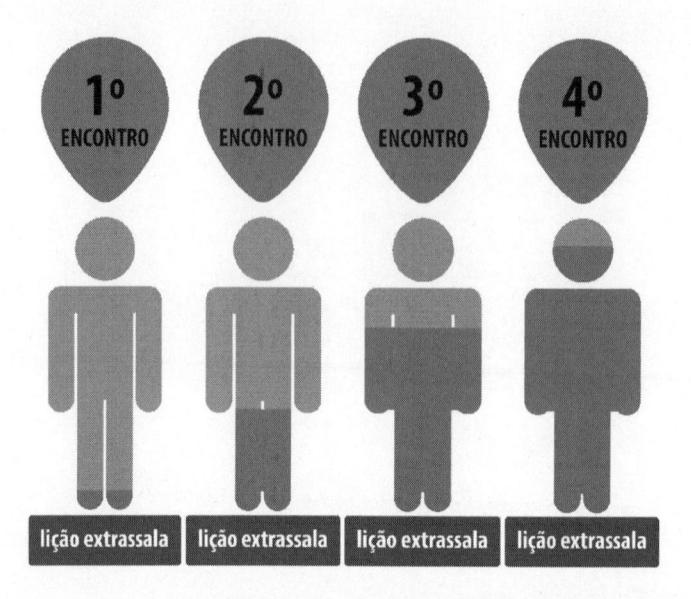

1º ENCONTRO	2º ENCONTRO	3º ENCONTRO	4º ENCONTRO
lição extrassala	lição extrassala	lição extrassala	lição extrassala

Neste momento, você pode estar se perguntando: Marcia, poderia eu desenvolver este trabalho internamente com os recursos do setor, ou a máxima "santo de casa não faz milagre" imperará?

Você poderá ser o mentor do projeto desde que esteja plenamente capacitado, desde que seja reconhecido como um líder perante os seus pares e que a relação de confiança e credibilidade que estabelece esteja institucionalizada em todas as esferas.

Sei que o RH está diretamente envolvido na formação e no desenvolvimento de líderes, mas sei também que a própria área é carente deste perfil. Quando sou acionada para desenvolver as competências das lideranças, comumente a área de RH aponta os vários comportamentos inadequados manifestados por pares e nem sempre percebe as suas próprias fragilidades. Contrata-me para desenvolver o "outro" e acaba descobrindo que as oportunidades de melhoria não o deixam de fora da grande chance de se tornar um líder ainda mais eficaz nas práticas de gestão de pessoas.

Um profissional de Recursos Humanos se torna estratégico quando passa a ser um grande líder. Por isso, meu caro, seja humilde, reconheça as fraquezas e aproveite a chance que a empresa está oferecendo a você. Usufrua ao máximo da oportunidade e seja exemplo de conduta

Capítulo 7: Desenvolva as suas Lideranças e Preserve a Vida 97

durante todo o trabalho, respeitando prazos e realizando as suas entregas com uma qualidade inquestionável, conectando os seus objetivos de vida ao seu desenvolvimento.

E as EQUIPES?

Agora, precisamos trazer as equipes para o projeto, algo que vai além das lições extrassala.

"Um bom chefe faz com que homens comuns façam coisas incomuns."

Peter Drucker

Já conversamos sobre a fatídica constatação que, em boa parte das vezes, os líderes não têm a noção do impacto que seus comportamentos provocam na equipe. Quando são convidados para o desenvolvimento de um projeto de educação continuada que requererá esforços de entregas e transferência de saber, acham que a empresa deveria investir nos pares – no "José", principalmente, e não neles. Afinal, o "José" e tantos outros têm falhado e precisam desenvolver competências.

Em sala de aula, quando promovo debates sobre situações e formas de agir que distanciam a empresa e as equipes de seus objetivos, muitos esboçam um sorriso maroto como se a ferida de alguém tivesse sido tocada.

Como fazer, então, os profissionais olharem para si e identificarem oportunidades de melhoria, construindo planos de ação consistentes que os levem de uma condição "X" para a condição "Y" e os coloquem em ação, de forma que vislumbrem e se aproximem de um futuro que seja melhor para todos?

Eu, Marcia, convido as equipes a ajudarem o seu líder a se tornar o melhor líder que ele pode vir a ser. Desenvolvo um diagnóstico comportamental que nasce imediatamente após a primeira etapa do projeto – que chamo de aculturação –, quando entendo as especificidades da empresa, sua cultura e valores e para quais problemas ela está me contratando. Aplico-o no início e final do projeto, podendo também fazer uso na fase intermediária do trabalho, oferecendo ao gestor a possibilidade de corrigir rotas.

Peço que o líder também se autoavalie para que analisemos juntos a homogeneidade e possíveis divergências na autopercepção comparada à percepção da equipe.

E é assim, caro leitor, que a minha equipe e eu conseguimos colocar TODOS em desenvolvimento e no mesmo barco. É assim que conseguimos eliminar a terceirização da responsabilidade, fazendo com que TODOS assumam a parte que lhes cabe no seu desenvolvimento.

E a devolutiva do FEEDBACK DA EQUIPE, como se dará?

Insira no projeto reuniões de *coaching* e *counseling* pós-diagnóstico. Se o diagnóstico for aplicado por duas vezes no projeto, considere duas reuniões individuais.

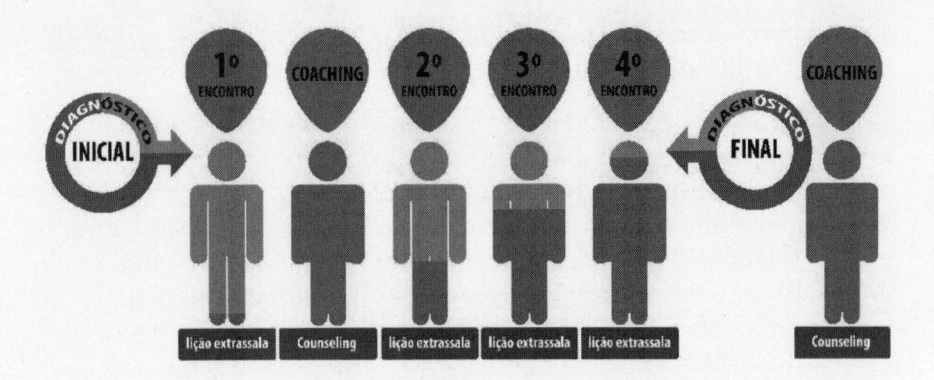

Capítulo 7: Desenvolva as suas Lideranças e Preserve a Vida 99

Tanto a metodologia como as ferramentas do *executive coaching* conversam muito bem com a aprendizagem na ação. As reuniões de *coaching* e *counseling* são individuais, com o desenvolvimento de um plano de ação (PDI) que objetive levar o líder a um processo de desenvolvimento de competências totalmente voltado à ação.

Antes que me questione se duas reuniões de *coaching & counseling* são suficientes, lembro que os trabalhos não se resumem no presencial ou em sala de aula. Há um canal destinado ao compartilhamento e acompanhamento contínuo de cada indivíduo durante todo o projeto.

É papel do *coach*/mentor criar relacionamentos construtivos, demonstrar empatia genuína, oferecer feedback realista que desbloqueie o profissional para seguir em frente, além de desenvolver abordagens eficientes e positivas que apoiem e estimulem o líder a se manter firme no seu propósito de vida e de carreira durante todo o ciclo de capacitação.

Por que isso ocorre? A minha experiência comprova que desenvolver competências das lideranças é um exercício diário. Costumo compará-la ao desenvolvimento de músculos: ou você se exercita todos os dias, ou nada feito! É isso que queremos: que o profissional desenvolva a musculatura necessária para ser feliz no trabalho e que propague a felicidade por todos os cantos.

Por ser um trabalho sério e exigente do ponto de vista do desenvolvimento, todas as ações estão alinhadas com a estratégia e com os objetivos organizacionais além de estarem conectadas emocionalmente às aspirações de crescimento de cada pessoa.

Envolvendo a Alta Administração Demonstrando Resultados

O projeto foi bem planejado e está sendo executado dentro de um cronograma que permitirá às pessoas se programarem em todas as etapas. Recomendo que não haja alterações na agenda. Primeiro porque o espaçamento dos encontros foi criteriosamente pensado para permitir que a transferência do conhecimento junto à equipe vá além de uma lição programada. Depois, porque toda vez que desmantelamos um cronograma voltado ao desenvolvimento, estamos declarando para as pessoas que existem coisas mais importantes a serem feitas. Por isso, salvo casos excepcionais, honre o combinado!

É imprescindível garantir que a alta administração seja parte integrante do trabalho. Lembre-se de que as vitórias precisam ser coletivas e que os profissionais de RH não estão concorrendo a um concurso de popularidade. Por isso, tenha aliados!

Insira no mapa do seu projeto reuniões de resultados com a presença dos principais interessados e vá para mostrar números.

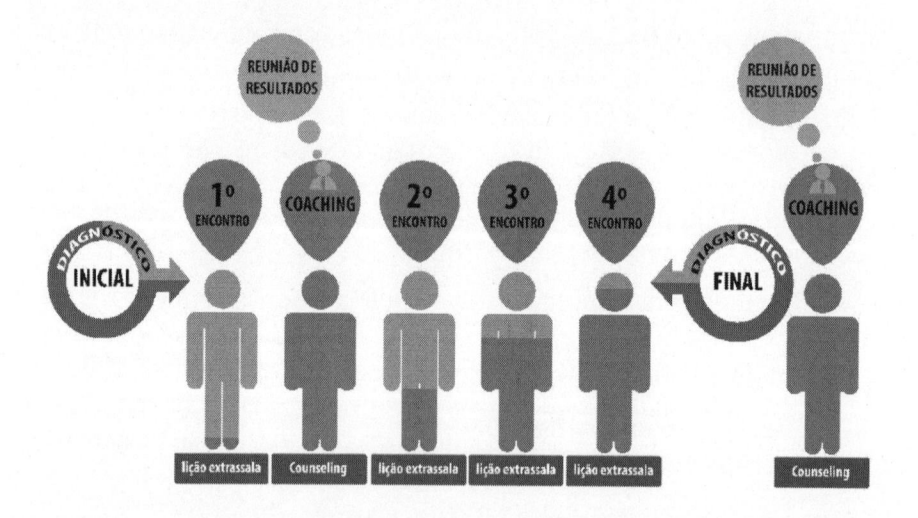

O que você terá em mãos será o resultado obtido com diagnóstico envolvendo equipes. Use-o como um elemento importante de análise junto à alta administração, já que alguns fatores podem sugerir intervenções por parte dos executivos. Já vivenciei mudanças importantes

Capítulo 7: Desenvolva as suas Lideranças e Preserve a Vida

na gestão e até mesmo de redefinição no posicionamento da marca, com a revitalização da missão da empresa, fruto de insights da presidência a partir do feedback dos colaboradores e gestores.

Apresente os resultados das melhores e menores médias do diagnóstico comportamental sempre no COLETIVO, mantendo em sigilo os resultados individuais. Estes últimos serão apresentados somente, e tão somente, ao término da capacitação, onde, em um dossiê, você abrirá no individual os resultados e, orgulhosamente, apresentará a evolução de cada pessoa.

Outro questionamento possível da sua parte: todos evoluem, Marcia? A maior parte evolui, respondo. Quando um ou outro líder não obtém resultados positivos, outras variáveis precisam ser analisadas, como: momento de vida, circunstâncias do negócio que lidera ou até a confirmação de que você tem a pessoa certa no lugar errado. O fundamental é criar condições para que todos tenham a mesma chance de crescimento.

Estabeleça outros indicadores para monitoramento que podem, inclusive, ser de ordem econômica. Traga para o seu lado os responsáveis de outras áreas e juntos definam quais placares desejam movimentar com os ganhos de competências das lideranças nas práticas de gestão de pessoas. Trabalhe com ATÉ três indicadores financeiros. Identifique o que é relevante a partir do problema que deseja resolver.

Algumas medidas de direção já monitoradas com boas respostas e excelentes resultados:

- Absenteísmo
- *Turnover*
- Retenção de talentos
- Ações trabalhistas
- Índices de não conformidade
- Acidentes de trabalho
- Satisfação do cliente/cidadão-usuário
- Índices de desperdício
- Índices de retrabalho
- Melhorias em processos
- Redução de hora extra

Eu prefiro definir UMA MEDIDA apenas – aquela que sugere forte preocupação e que seja um fator crítico de sucesso para a sua empresa, e, por isso é merecedora de atenção sob pena de impactar resultados.

Agora, meça a evolução.

Parece óbvio, mas vale a pena mencionar que uma mensuração de resultados requer o levantamento preciso e numérico de onde estamos hoje para que possamos comprovar como estaremos amanhã.

E aí estará você – profissional de RH –, alinhando gente com resultado.

CASE DE SUCESSO
UM POR TODOS E TODOS POR UM

Atividade: Segurança pública

Sede: São Paulo/Brasil

Cenário do Brasil em 2013: Produtividade em queda vertiginosa, altos índices de não conformidade no produto final – refugo, profissionais desmotivados, ameaças de greve, intervenção sindical, número alarmante de atestados médicos, altos índices de absenteísmo.

A contratação da Leme Consultoria deu-se para o desenvolvimento de 64 profissionais ocupantes de diversos cargos de liderança das áreas produtivas.

O projeto incluiu *assessment* por competências – perfil e motivadores –, um ciclo de desenvolvimento com 18 meses de duração, diagnóstico comportamental envolvendo 530 colaboradores diretos e reuniões de *coaching* individuais com o desenvolvimento de um plano de ação.

A seguir cito as expectativas de ganhos da alta direção na contratação do projeto de educação continuada.

Capítulo 7: Desenvolva as suas Lideranças e Preserve a Vida   103

Quais resultados espero obter:

- Desenvolvimento da mentalidade corporativa = cuidar do empreendimento, das pessoas e dos resultados.
- Alinhamento das expectativas pessoais às organizacionais = comprometimento e engajamento.
- Melhorias de respostas às exigências de mercado – produtividade e qualidade.
- Eficiência global de equipamentos – OEE.
- Diminuição do índice de refugos.

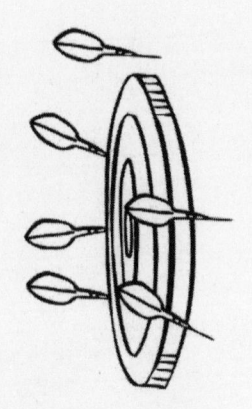

Na medida em que competências eram desenvolvidas e os conhecimentos materializados no dia a dia, o apoio incondicional do diretor industrial fazia uma grande diferença na moral da equipe. Na metade do projeto, os resultados já eram visíveis.

Ao término, os resultados da empresa foram drasticamente afetados com as mudanças de postura e comportamentos das lideranças.

Resultados Acalentadores

Alguns indicadores e os seus resultados comparativos:

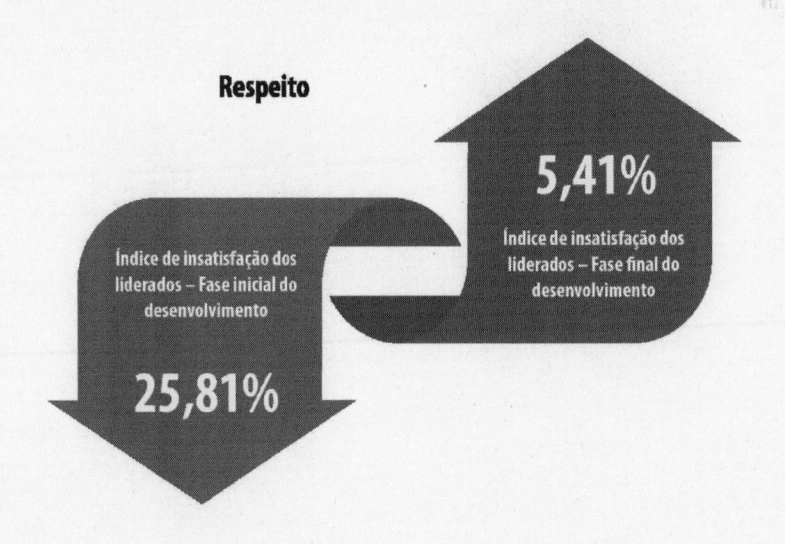

Respeito

Índice de insatisfação dos liderados – Fase inicial do desenvolvimento: 25,81%

Índice de insatisfação dos liderados – Fase final do desenvolvimento: 5,41%

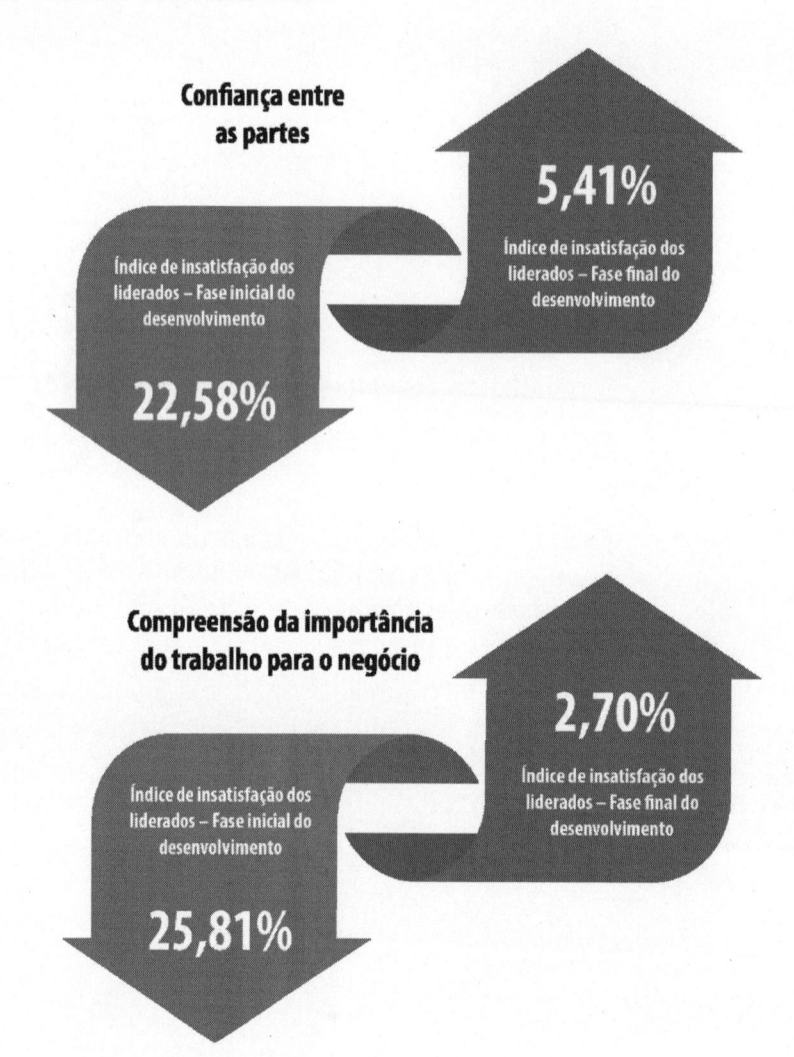

Confiança entre as partes

Índice de insatisfação dos liderados – Fase inicial do desenvolvimento: **22,58%**

Índice de insatisfação dos liderados – Fase final do desenvolvimento: **5,41%**

Compreensão da importância do trabalho para o negócio

Índice de insatisfação dos liderados – Fase inicial do desenvolvimento: **25,81%**

Índice de insatisfação dos liderados – Fase final do desenvolvimento: **2,70%**

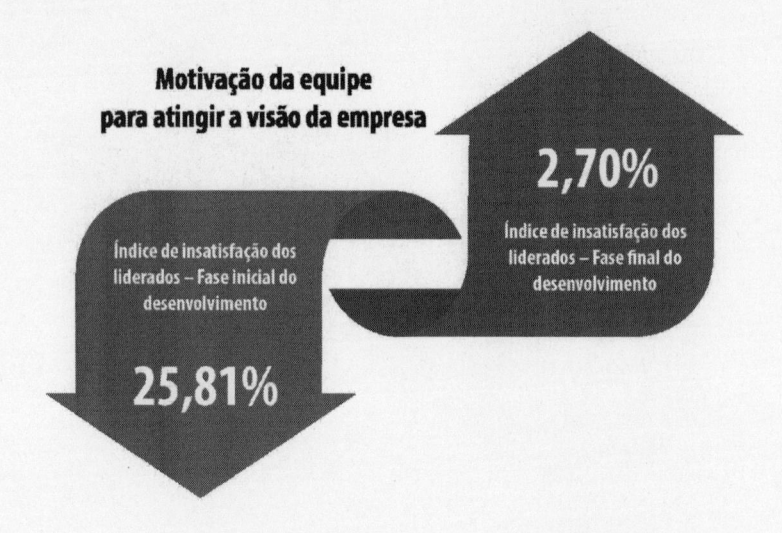

Capítulo 7: Desenvolva as suas Lideranças e Preserve a Vida

Motivação da equipe para atingir a visão da empresa

Índice de insatisfação dos liderados – Fase inicial do desenvolvimento: **25,81%**

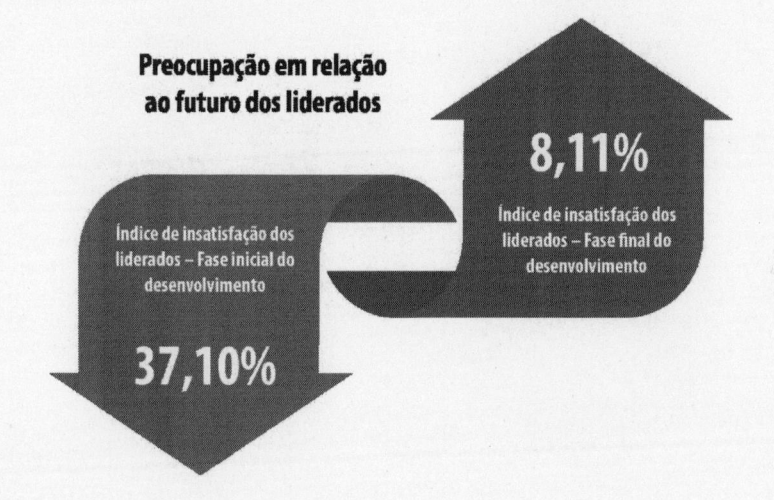

Índice de insatisfação dos liderados – Fase final do desenvolvimento: **2,70%**

Preocupação em relação ao futuro dos liderados

Índice de insatisfação dos liderados – Fase inicial do desenvolvimento: **37,10%**

Índice de insatisfação dos liderados – Fase final do desenvolvimento: **8,11%**

Feedback do dia a dia

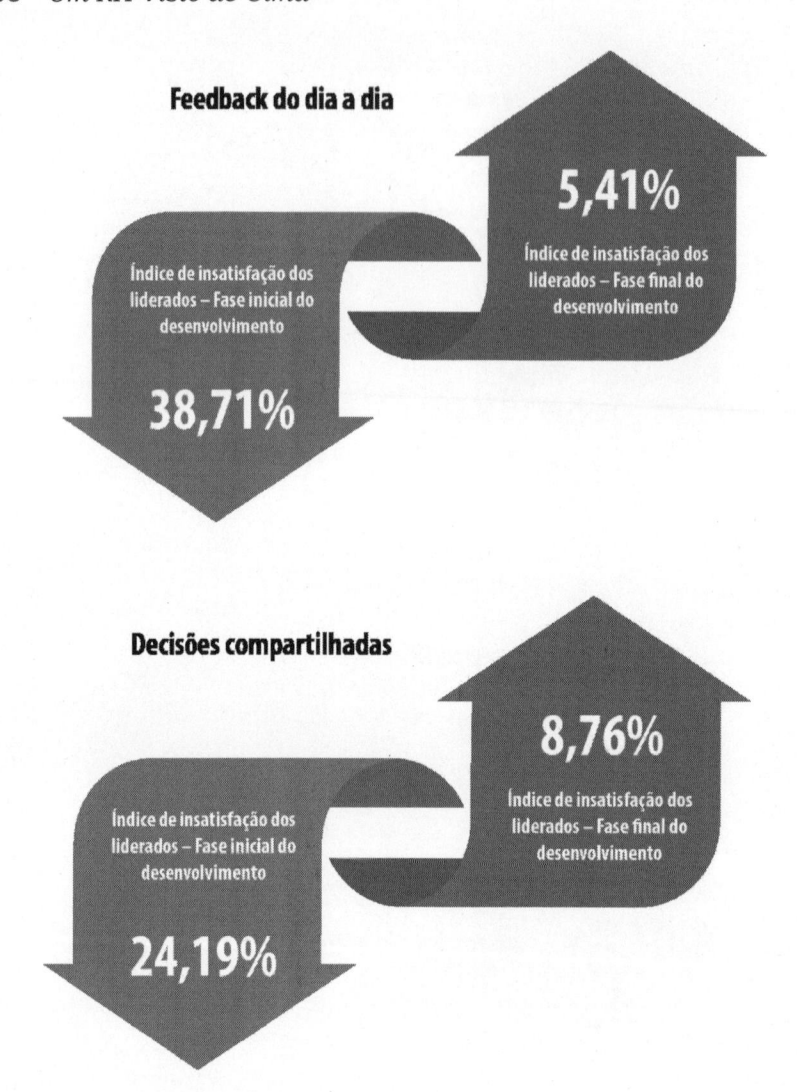

Índice de insatisfação dos liderados – Fase inicial do desenvolvimento
38,71%

Índice de insatisfação dos liderados – Fase final do desenvolvimento
5,41%

Decisões compartilhadas

Índice de insatisfação dos liderados – Fase inicial do desenvolvimento
24,19%

Índice de insatisfação dos liderados – Fase final do desenvolvimento
8,76%

Capítulo 7: Desenvolva as suas Lideranças e Preserve a Vida   **107**

Remuneração justa

16,22%
Índice de insatisfação dos liderados – Fase final do desenvolvimento

Índice de insatisfação dos liderados – Fase inicial do desenvolvimento
51,61%

Resultados Adicionais

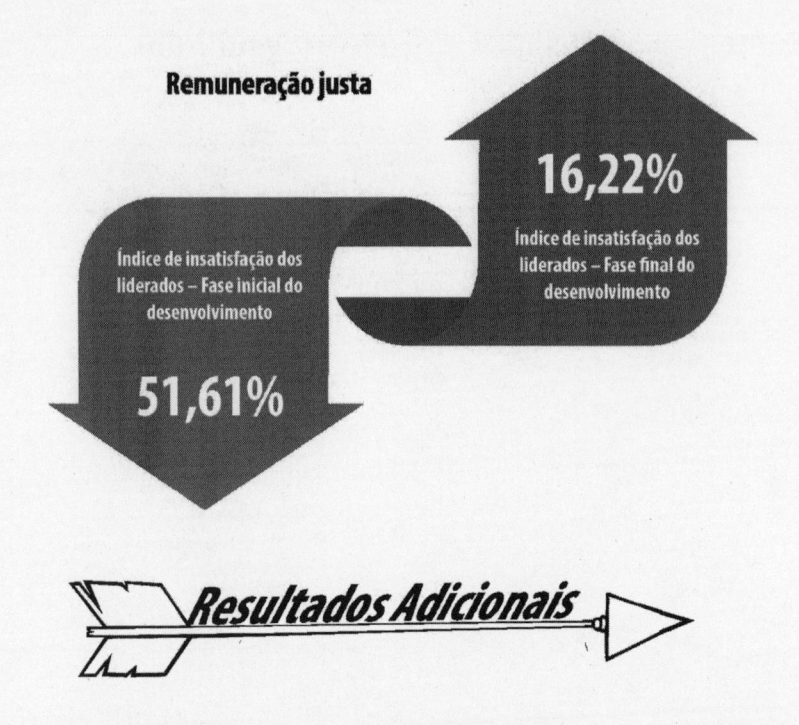

- A produtividade aumentou, em média, 23%, e atendeu à expectativa da empresa (metas) em 100%.
- O índice de *turnover* caiu de 27% para 5%.
- Acidentes de trabalho com afastamento passaram a ser escassos.
- Diminuição dos atestados médicos em 73%.

Garanto a você que as relações pautadas na confiança e no respeito têm consequências financeiras imediatas.

Se deseja ser perspicaz nos negócios, basta dar a real importância às pessoas e tratá-las com dignidade; mostrar o alvo (foco nas prioridades); desmistificar a complexidade do negócio (simplificar, desburocratizar); construir e manter placares visíveis (conhecimento das contribuições); disciplina (acordo mútuo de responsabilidades) e postura vitoriosa (a fome de vencer tem de contagiar as pessoas).

Anote os seus insights e produza resultados excepcionais.

_____

_____

_____

_____

O que deixarei de fazer?

O que começarei a fazer?

Capítulo 7: Desenvolva as suas Lideranças e Preserve a Vida **109**

Como farei o que estou me propondo fazer e até quando?

_____

_____

_____

Capítulo 8

Uma Mensagem quase Final para o Líder de RH
O Recado da Geração Y

Essa tal geração Y é caracterizada pela velocidade com que interpreta o mundo. Fazer tudo ao mesmo tempo, agora, parece um lema que fica ainda mais evidente quando se está no ambiente de trabalho. E a pergunta que assombra a cabeça de muitos profissionais de RH é: como atrair, desenvolver e reter essa geração no mundo enxergado por ela? Isso mesmo. Cada geração observa o mundo de uma maneira peculiar. Os valores são os mesmos há séculos, mas a forma de colocá-los em prática mudou muito.

A resposta para essa pergunta ainda não existe, uma vez que cada ser humano é singular, e isso impede a criação de uma fórmula mágica para lidar com tal situação. No entanto, não podemos deixar de observar alguns sinais que a geração Y nos dá, e isso nos ajudará a pensar em algumas estratégias de retenção.

Penso que, para atrair esses profissionais, o RH deve ter em mente que a sua empresa precisa ser inovadora e pouco conservadora, pois eles adoram a modernidade e a liberdade de expressão, querem discutir de igual para igual com as outras gerações, logo, a estrutura organizacional deve ser a menos hierarquizada possível.

Para desenvolvê-los, pense em programas nos quais eles possam visualizar que o aprendizado será utilizado não só no presente, mas também no futuro, fazendo a ponte com as aspirações de crescimento deles, agregando o conhecimento adquirido às suas progressões de carreira. Mas conforte-se em saber que nem todos interpretam progressão de carreira como "subir de maneira vertical para se tornar um líder".

E, finalmente para retê-los, a organização deve ter, em seu quadro, líderes preparados que sejam próximos de seus liderados, que gostem e se interessem pelo futuro deles; líderes esses que os façam enxergar que podem ser ainda melhores e mais talentosos do que já são, e que esse crescimento deve acontecer de maneira sustentável e equilibrada.

Fernando Battestin
37 anos – Coach, Professor e Facilitador de Programas de Desenvolvimento Humano

Uma Mensagem quase Final para o Líder de RH
O Recado da Geração Z

A cada década que passa, o RH experiente enfrenta um desafio diferente: uma nova geração no mercado. A idade dos pseudoprofissionais da geração Z é o de menos na questão que tem tirado o sono da área de desenvolvimento, nos últimos anos. Diferentemente dos profissionais da geração X no início de carreira, os recém-chegados nascidos nos anos 90 têm convicção de sua capacidade – e muitas vezes de que sua capacidade é superior até mesmo à dos seus líderes.

RH, não somos prepotentes, nariz em pé, e nem nos achamos superiores a ninguém. O que nós queremos, e talvez não saibamos expressar, é mostrar um viés diferente, de quem nasceu em meio a um mundo onde a pressa está instaurada. A geração Z cresceu cheia de obrigações: o ballet, o curso de inglês, o esporte, as boas notas na escola, o vestibular aos 17 anos, o "por que você ainda não arrumou um namoradinho?" e o "não case agora, curta a sua vida!" não deixaram esses jovens respirarem. Fomos introduzidos em um universo onde não podemos deixar para amanhã o que podemos fazer hoje. No entanto, essa forma apressada dos jovens do mercado empresarial pode tanto ser vista como algo ruim como ser transformada em algo muito positivo.

O mundo tem pressa; os clientes têm pressa; o líder tem pressa, assim como os liderados. A diferença é que a pressa da geração Z vem batizada com uma boa dose de desorganização e desmotivação. E são esses os fatores que devem ser trabalhados nessas pessoas. Entendam: tudo isso é consequência de uma vontade exacerbada de fazer acontecer, de pular a fase do aprendizado e ir direto para a possibilidade de realmente fazer a diferença na empresa – é isso que nós queremos. Mas, para isso, precisamos de um líder que nos mostre que somos capazes, que confie na gente e que nos permita quebrar a cara às vezes. Inibir a vontade de produzir de profissionais da geração Z só vai fazer com que eles fiquem cada vez mais desmotivados. A relação entre ser estagiário e servir o cafezinho já não cabe mais aqui. Muitas vezes, o fator motivacional é muito mais levado em conta pelos jovens do que a remuneração propriamente dita. Pensando pelo lado histórico e psicológico, há razões para essa priorização: os jovens da geração Z querem trabalhar com prazer – fato não consumado por grande parte da geração X, ou seja, seus pais. Outro motivo é o fato de que – diferentemente da juventude da geração X – esses profissionais geralmente ainda não sustentam a si próprios: moram com os pais e são sustentados por eles. Desta forma, o salário não é questão de sobrevida.

O que eu quero dizer com tudo isso, RH, é: não se desespere! Invista na geração Z, dê-nos crédito e deixe-nos mostrar que somos capazes! Nós podemos sim ser muito comprometidos, mas precisamos de alguém que nos mostre o porquê desse esforço. Não temos problema com desafios, desde que nosso líder nos inspire e nos motive a conquistá-los. Somos um tanto quanto geniosos, mas podemos também ser geniais. Tenham paciência conosco. Se o trabalho de desenvolvimento do estagiário/recém-chegado for valorizado pelo nosso líder, podemos deixar de ser simples pedaços de granito para nos tornarmos uma bela escultura. Dê-nos ouvidos! Podem acreditar que temos muito para agregar à empresa como um todo.

Talyta Vespa
20 anos – estagiária e repórter da Veja, da Editora Abril

Capítulo 9

Uma Última Mensagem

Tenho uma grande admiração por profissionais que, dentre tantas escolhas, optaram por assumir a condição de gestores de pessoas.

Admiro você porque sei que fazer as pessoas crescerem requer coragem. Admiro-o porque sei que as suas escolhas têm propósitos nobres e transformadores e as suas ações e intenções contagiam e tocam corações ao mesmo tempo em que alteram culturas, política, sociedade e VIDAS.

Tenho convicção de que os seus ideais são os seus grandes motivadores e por isso os percalços da vida, mesmo que dolorosos, são transponíveis.

Sei que a vida muitas vezes o coloca à prova e que o seu sucesso é proporcional ao número de pessoas que você ajuda. Mesmo sabendo que a maneira mais rápida de chegar ao fracasso é tentar agradar a todos, há uma cobrança natural e exacerbada quando você se depara com desistentes pelo caminho.

É fato que, diante de uma missão tão nobre, desejar o reconhecimento, um elogio, um feedback positivo, um agradecimento, parece não fazer sentido, parece uma briga de opostos.

Não precisa ser assim! Expresso publicamente os meus reconhecimentos e os meus agradecimentos pelo seu esforço, pela sua dedicação, pela sua determinação e pelos valores incorruptíveis que fazem do seu discurso um exemplo na prática.

Parabenizo-o pela coragem de fazer a vida valer a pena para você e para todos à sua volta.

Mas, ao final, você sabe que o que realmente vai valer é quantas pessoas você ajudou a viver uma vida digna.

Abraços fraternos,

Marcia Vespa

Capítulo 10

Nossas Publicações

Aplicação Prática de Gestão de Pessoas por Competências

Este livro é o Guia para Gestores de Pessoas e de Recursos Humanos no que se refere a Gestão por Competências. Através de uma metodologia extremamente simples, o Inventário Comportamental para Mapeamento de Competências, o autor apresenta ferramentas práticas, acessíveis e realmente possíveis de serem implementadas, atendendo as seguintes expectativas:

- Mapeamento de Competências
- Avaliação com Foco em Competências
- Treinamento com foco em Competências
- Seleção por Competências

E ainda apresenta caminhos concretos para que sejam mensurados e comprovados os Resultados de Treinamentos.

Um dos destaques é a comprovação matemática da metodologia que elimina a subjetividade existente nos processos tradicionais de mapeamento. É a única metodologia comprovada matematicamente disponível na literatura.

Por meio de uma linguagem simples, esta obra atende os interesses e necessidades de Gestores de todos os portes de empresa, sem exceção, servindo também como referência para nível acadêmico.

Aplicação Prática de Gestão por Competências tem uma meta ambiciosa, porém realista: Fazer com que o leitor possa realmente implantar Gestão por Competências utilizando os recursos da sua própria empresa.

Avaliação de Desempenho com Foco em Competência – A base para a Remuneração por Competências

Este livro apresenta uma ampliação do conceito de competência que vai além do tradicional CHA – Conhecimento, Habilidade, Atitude –, visualizando o que o colaborador efetivamente entrega para a organização. É o conceito de Entrega.

Este conceito é fundamental para que as empresas tenham argumentos precisos para avaliar o Desempenho do Colaborador, mas não como no método tradicional de avaliação de desempenho, e sim a Avaliação de Desempenho com Foco em Competências.

Após diversos estudos e pesquisas, foi observada a escassez de literatura que apresente de forma clara, prática e objetiva como efetivamente implantar a Remuneração por Competências. Há sim, muitas literaturas, mas elas não detalham como fazer e, principalmente, a possibilidade de aplicação coerente com a estrutura das empresas; a "Avaliação de Desempenho com Foco em Competência" vem suprir essa lacuna.

O objetivo desta obra é apresentar de forma didática e prática construção de ferramentas de avaliação que, juntas, irão compor o Coeficiente de Desempenho do Colaborador, que retrata a sua entrega à organização, de forma alinhada ao conceito de ampliação do CHA das competências, sendo este uma referência comprovada para a Remuneração com Foco em Competências.

Por meio de uma linguagem simples, esta obra atende aos interesses e necessidades de Gestores de todos os portes da empresa, sem exceção, servindo também como referência para nível acadêmico.

Seleção e Entrevista por Competências com o Inventário Comportamental – Guia Prático do Processo Seletivo para a redução da subjetividade e eficácia na Seleção

Seleção e Entrevista por Competências com o Inventário Comportamental é um guia prático para os profissionais ou empresas que já atuam ou possuam recrutamento e seleção e queiram se aprimorar, assim como para Gestores de Pessoas, profissionais iniciantes ou empresas que queiram implantar essa Ferramenta. Também é recomendado para estudantes e professores para servir como referencial e suplemento didático.

A Metodologia apresentada propõe uma ampliação do conceito de Competências, indo além do CHA – Conhecimentos, Habilidades, Atitudes – trazendo a identificação no candidato de Competências Técnicas e Comportamentais, Resultados, grau de Complexidade e ainda com Valores, identificando a compatibilidade entre o candidato, perfil da vaga e Cultura Organizacional.

Feedback para Resultados na Gestão por Competências pela Avaliação 360o – Guia Prático para Gestores do "Dar e Receber" Feedback e a Transformação em Resultados

Feedback para Resultados é um guia prático para a implantação da ferramenta de Avaliação Comportamental através da Avaliação 360º e do preparo de Gestores de como "dar e receber" *feedbacks* de forma a promover a transformação de equipes para o alcance dos resultados organizacionais.

Utilizando uma linguagem clara e direta, este livro contribui para a atualização de instrumentos importantes do RH e sua adaptação a realidade e exigência do mercado globalizado em que vivemos.

Feedback para Resultados é recomendado para Gestores, RH, professores e estudantes de diversas áreas, dentre elas Recursos Humanos e Administração, enfim, a todos os profissionais que lideram equipes e precisam promover a transformação de resultados nas organizações.

Gestão do Desempenho integrando Avaliação e Competências com o Balanced Scorecard

"Gestão do Desempenho integrando Avaliação e Competências com o Balanced Scorecard" é um guia prático para utilização da Gestão do Desempenho contemplando a integração dos instrumentos de Avaliação de Competências, Avaliação de Desempenho e de Estratégia Empresarial que utilizam o Balanced Scorecard.

Utilizando os conceitos da Avaliação de Desempenho com Foco em Competências e do Balanced Scorecard, o autor demonstra como ocorrem essas integrações na prática, apresentando um instrumento essencial na Gestão do Desempenho, o PDC – Painel de Desempenho do Colaborador, que possibilita o gestor visualizar os fatores que interferem no desempenho do colaborador permitindo que ele aja proativamente para que a Visão da empresa seja atingida.

Recomendado para Gestores, RH, professores e estudantes de diversas áreas, dentre elas Recursos Humanos e Administração, enfim, a todos os profissionais que lideram equipes e precisam promover a transformação da sua empresa, gerando resultados.

T&D e a Mensuração de Resultados e ROI de Treinamento Integrado ao BSC

Este livro é uma obra prática, direta, objetiva, no estilo "passo a passo" que apresenta uma abordagem contemporânea para o Levantamento de Necessidade de Treinamento, tornando-a mais eficiente e eficaz.

Apresenta também como executar a Mensuração dos Resultados de Treinamento, desde a avaliação de reação, passando pela avaliação de aprendizagem, comportamental de resultados e ainda o cálculo do ROI de Treinamento, além de trazer como fazer a integração dessas mensurações com o Balanced Scorecard, dando um enfoque estratégico para estas ações e para a área de Recursos Humanos.

"T&D e a Mensuração de Resultados e ROI de Treinamento Integrado ao BSC" é recomendado para Gestores, RH, professores e estudantes de diversas áreas, dentre elas Recursos Humanos e Administração, enfim, a todos os profissionais que lideram equipes e precisam promover a transformação da sua empresa, gerando resultados.

Gestão por Competências no Setor Público

Autor e Organizador

Autores:

Elsimar Gonçalves

Euclides Junior

Marcia Vespa

Paulo Santos

Renan Sinachi

Rodopiano Neto

Rogerio Leme

Romeu Huczok

Rosane Ribeiro

Gestão por Competências no Setor Público é um livro que apresenta a aplicação prática desta importante ferramenta de gestão de pessoas, porém, considerando as questões específicas e particulares da cultura das instituições públicas.

Os princípios da motivação humana e as diretrizes de liderança, na realidade, independem das características da empresa – pública ou privada. Entretanto, ao aplicar a Gestão por Competências no serviço público, a cultura e a maneira de superar os desafios do projeto são especiais neste setor, em função das relações trabalhistas serem diferentes do setor privado, tais como o concurso público, o estágio probatório, a estabilidade do servidor, entre outras.

Este livro traz como implantar a Gestão por Competências, pautadas nas metodologias do Inventário Comportamental para Mapeamento de Competências e da Avaliação de Desempenho com Foco em Competências, apresentadas de maneira estruturada, sem ser uma simples coleção de textos dos autores.

Remuneração: Cargos e Salários ou Competências?

O objetivo deste livro é proporcionar aos profissionais da área de gestão de pessoas, gestores de diversas áreas, empresários, professores, consultores, estudantes, advogados, juízes, sindicalistas, uma visão sistêmica numa linguagem simples de duas ferramentas bastante utilizadas, os famosos planos de cargos e salários, e a moderna gestão por competências.

Primeiro, para entender, segundo, sobre como utilizá-las dentro das empresas, buscando a efetividade dos negócios, qualidade, produtividade, por meio da atração, retenção de pessoas e desenvolvimento humano. Terceiro, uma particularidade importante, atender a legislação trabalhista brasileira, evitando prejuízos.

Para ter sucesso na implantação de Plano de Cargos, foi dado um enfoque especial à importância do envolvimento das lideranças nos processos de implantação de projetos de R.H.

Outra atenção especial é o Setor Público, tão carente de ferramentas nessa área. Contemplamos as organizações públicas com um capítulo específico a elas dedicado.

[Re]Descobrindo a Matriz Nine Box

Quem são e onde estão os talentos e os potenciais da sua empresa? Como gestor, certamente você já passou por algum momento difícil, inclusive, olhando para sua equipe e buscando entender as dificuldades e limitações de cada membro do time para fazer algo com o objetivo de superar os desafios do dia a dia.

Quando a equipe é pequena, fazer a análise de potencial e talento é uma ação quase que empírica. Agora, imagine fazer esta análise com dez, vinte ou trinta pessoas? E ainda, imagine em uma empresa com cem, mil, cinco mil ou mais colaboradores, então?

Quem são e onde estão os talentos da sua empresa? Quem são e como fazer para identificar quais são aqueles que são potenciais e que precisam ascender na organização? Será que não deveríamos fazer uma leitura diferente entre desempenho e potencial? Quais as diferenças conceituais e práticas? Como identificar e, principalmente, como visualizar o posicionamento destes colaboradores dentro da organização?

Estas são as perguntas que este livro se propõe a responder utilizando uma ferramenta chamada Matriz *Nine Box*, porém, com uma ressalva: utilizando recursos para reduzir a subjetividade.

Se você não conhece esta ferramenta, esta é uma oportunidade para você Descobrir a Matriz *Nine Box*. Se você já a conhece, então, fica o convite para você [Re]Descobrir a Matriz *Nine Box* com a análise de Competência e Entrega, justamente o que permite reduzir a subjetividade da análise de potencial e, não como é aplicada tradicionalmente com a análise de Competência e Potencial.

REFERÊNCIAS BIBLIOGRÁFICAS

Pearson, Christine e Porate, Christine – *The Coast of Bad Behavior* – Editora Hardcover.

Stephen Covey – *8º Hábito* – Editora Campus.

Ram Charan – *Afinal, o que realmente funciona?* – Editora Elsevier.

Burchell Michael e Robin Jennifer – *A Melhor Empresa para Trabalhar* – Bookman Editora.

Dolan, Simon e Pineda, Eduardo – *Os 10 Mandamentos para Gestão de Pessoas* – Editora Qualitymark.

Robbins, Harvey e Finley, Michael – *Por que as Equipes não Funcionam?* – Editora Campus.

Barbeiro, Heródoto – *Falar para Liderar* – Editora Futura.

Conaty, Bill e Charan, Ram – *A Arte de Cultivar Líderes* – Editora Campus.

Bender, Arthur – *Personal Branding* – Editora Integrare.

Vários autores – *Comunicação Pessoal Impecável* – Editora Campus.

Shinyashiki, Roberto – *Problemas? Oba!* – Editora Gente.

Di Stéfano, Rhandi – *O Líder-Coah* – Editora Qualitymark.

QUALITYMARK EDITORA

Entre em sintonia com o mundo

QualityPhone:
0800-0263311

Ligação gratuita

Qualitymark Editora
Rua Teixeira Júnior, 441 - São Cristóvão
20921-405 - Rio de Janeiro - RJ
Tel.: (21) 3295-9800
Fax: (21) 3295-9824
www.qualitymark.com.br
E-mail: quality@qualitymark.com.br

Dados Técnicos:

• Formato:	16 x 23 cm
• Mancha:	12 x 19 cm
• Fonte:	Georgia
• Corpo:	11
• Entrelinha:	13
• Total de Páginas:	144
• 1ª Edição:	2015